언어의 마술

Magic of communication

언어의 마술

당당하고 품위 있게 나를 표현하는 대화법

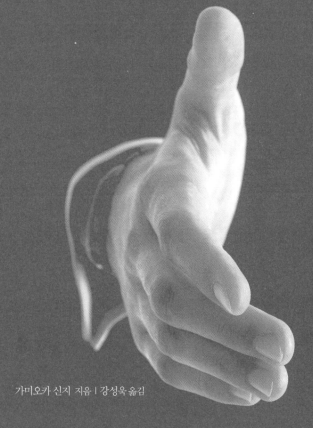

가미오카 신지 지음 ┃ 강성욱 옮김

경성라인

고급스런 '단어 사용'이 인생을 풍요롭게 한다!

 학생과 사회인의 큰 차이는 무엇일까?

 그 하나로 '단어 사용'을 들 수 있다. 학생이라면 너그럽게 넘어갈 일도 사회인이면 그렇지 않다. 인사 하나에 있어서도 바르게 할 수 있는지 아닌지 확연한 차이가 있는 것이다.

 "좋은 아침입니다.", "처음 뵙겠습니다.", "안녕하십니까."와 같은 전형적인 인사만으로는 충분하지 않다는 것은 말할 필요가 없다.

 상대에 따라서 적절한 표현을 덧붙이고, 또한 좋은 느낌으로 말하지 않으면 안 된다. '정형'적인 표현 외에 자신만의 '개성'을 살린 표현을 하지 못하면 어엿한 사회인으로 인정받지 못한다.

 자신만의 방식으로 오리지널 '인사'는 사람들의 이해를 얻을 수 없다. '상식'에 맞는 표현이 있다는 것을 알아두지 않으면 안 된다. 그것이 사회인, 성인으로서의 '분별'인 것이다.

사회인이 되고 나서도 손윗사람에게 '나'라고 말하는 것은 볼썽사납다. 사회인으로, 성인에게 어울리는 표현을 하지 못하면 인간관계가 원만하지 못할 뿐만 아니라 기회조차 없을지 모른다. 학생과 성인의 중간에서 벗어나지 못하면 성인 사회에서 따돌림을 당할 것이다. '단어 사용'을 소홀히 해서는 인생의 수확이 빈곤해질 수밖에 없다.

그럼 어떻게 하면 좋을까? 단기적으로, 비약적으로, 사회인으로, 성인으로, 말하는 법을 습득하려면 어떻게 하면 좋을까?

먼저 '정형'을 기억해두어야 한다.

그리고 그것을 실제로 사용해보아야 한다.

이 두 가지가 전부이다.

말은 오랜 세월을 거쳐서 많은 사람들이 갈고닦고, 수많은 개선을 통해서 완성된 것이다. 그것이 어느 순간 '정형'이 되고 패턴을 이루게 된 것이다. 선인들의 깊은 지혜가 담겨져 있는 것이다.

이것을 먼저 개략적으로 파악해본다. 어떤 패턴이 있는가, 어떤 사용법을 취하고 있는가.

그다음으로 사용해보려는 마음가짐을 가져야 한다. 열심히 정확한 '단어 사용'을 사용해보려는 자세가 바람직하다. 이렇게 하면 점점 능숙해진다. 여러분의 개성도 가미된 멋진 표현이 가능해질 것이다.

여러분의 주위 사람 중에서 능숙하게 '단어를 사용' 하는 사람의 표현에 귀를 기울여보는 것도 중요하다.

아, 과연 이럴 땐 이렇게 말하는 것이 적당하구나!

이렇게 자신과 타인의 '단어 사용' 에 흥미와 관심을 갖기 시작하면 조금씩 변화가 일어난다.

사람들 앞에 나서는 것이 즐거워지기까지 한다. 다양한 사람과의 만남은 자신을 한층 성장시키는 밑거름이 된다. 인생의 호순환이 시작되는 것이다.

그럼 즐거운 '단어 사용' 의 여행을 시작해보자.

여러분의 매력을 많은 사람들에게 전하는 것이다.

가미오카 신지

언어의 마술
CONTENTS

PART 1

간단한 단어의 교환으로
호감도가 올라가는 화술

부정적인 뉘앙스를 즉각 긍정적으로 바꾸는 단어의 실례

1

사소한 한마디가 품격을 드러낸다!

★ '소란스러운', '시끄러운' → '활기 있는', '씩씩한', '당당한', '명랑한'.

거래처 공장을 방문해서 작업장의 시끄러운 소음에 그만 "와, 시끄럽군." 하고 얼굴을 찌푸린 적은 없는가? 소음은 누구에게나 귀에 거슬린다. 그것을 참으면서 작업을 하고 있는 상대방에게 이런 말은 큰 실례이다. 경의를 표하며 "활기가 넘치는군요.", "작업 환경이 아주 역동적이고 좋군요." 하고 말하면 칭찬으로 바뀐다.

★ '싸구려', '싼', '볼품없는' → '적당한', '알맞은', '소박한'.

'싸구려', '싼' 등의 말은 상대에게 경멸의 의미를 줄 수 있

15

다. 싼 물건에는 그 나름대로의 이유가 있다. "자기는 그렇게 잘 났나?" 하고 상대가 생각하지 않도록 표현에 주의가 필요하다.

★ '단순한' , '시시한' , '평이한' → '소박한' , '심플한' , '간소한' .
단순한 것보다 복잡하고 손이 많이 들어간 물건을 선호하는 것은 고정관념 때문이다. 세상에는 여러 가지 관점이 있다고 하는 여러분의 넓은 도량을 엿보이게 하는 표현이 좋다.

★ '좁은' , '작은' , '옹색한' → '치밀한' , '귀여운' .
오늘날 여성을 칭찬하는 최고의 말이라고 할 수 있는 것이 '귀엽다.' 이다. 응용범위가 넓기 때문에 여성뿐 아니라 남성에게도 사용해서 마이너스 표현을 플러스로 바꿔야 한다.

★ '구두쇠다' , '쫀쫀한' → '절약가다' , '물건을 소중히 한다' , '절약 정신' .
부자일수록 물건을 소중히 하고, 가난할수록 허세를 부리기 쉽다는 말은 만국 공통인 듯하다. 쓸데없는 허영심을 부리는 듯한 말은 삼가는 것이 최선이다.

★ '바보 같은', '멍청한' → '독특한', '다른 가치관을 가진'.

　직접적으로 비난하는 것은 상대방의 마음에 상처를 줄 수 있다. 하다못해 간접적인 단어로 바꿔서 표현하면 교만한 인상은 피할 수 있다.

★ '냉혹한', '비정한' → '날카로운', '엄숙한 태도', '샤프한 판단'.

　"사려가 없다."라는 말은 사람에 대한 최고의 모욕이다. 당사자는 그 나름대로 가치관을 가지고 있고 그것을 행동으로 표현하는 것이기 때문에 인격을 훼손하는 말로 비난하는 것보다 행위 자체에 초점을 맞춘 표현으로 그치는 편이 무난하다.

★ '서툰', '범작', '졸작' → '상당한'.

　아무리 노력해도 나아지지 않고 주위의 평가도 그다지 좋아지지 않는 경우가 많다. "상당히 좋아졌는데요."라고 격려하는 것이 무난하다.

★ '돼지다.', '살이 찐' → '체격이 좋은', '듬직한'.

　외모를 중시하는 요즘 세태에서는 살찐 사람은 주눅이 들기 쉽다. 나온 뱃살에서 나름의 장점을 발견하고, 인생의 관록으로 존중해주는 배려심은 여러분을 빛나게 해줄 것이다.

★ '흐리멍덩한', '탁한', '꾀죄죄한' → '흥미 있는', '품격을 느끼게 하는'.

　반짝반짝 빛이 나는 새것보다 손때가 묻거나 세월의 품격을 느끼게 하는 곰팡이가 핀 것은 중후함을 주거나, 사람의 온정이 묻어난다고 할 수 있다. 패러다임을 전환해서 품위를 유지하기 위해서는 깊이나 역사를 느끼게 하는 표현이 적당하다.

★ '강압적인' → '통솔력이 뛰어난', '리더십이 강한'.

　'강압'이라는 말은 '제멋대로', '강제'라는 의미와도 상통

한다. 실제로 무리를 이끄는 능력의 유무와는 상관없이 적극적인 성격으로 평가해주면 불필요한 마찰도 생기지 않을 것이다.

★ '무신경', '둔감한' → '집착하지 않는', '호방한'.

　다른 것을 개의치 않고 자기 페이스를 유지하는 사람에게는 군이 독선적인 점을 환기시키기보다는 "아무런 걱정 없고, 호방하고, 집착하지 않는 성격이 좋군요." 하고 말해주면 여러분에게만은 신경을 써서 대할 것이다.

★ '늙었다', '노인 같다' → '침착한', '경륜이나 연륜이 묻어나는'.

　"아저씨 같다.", "할아버지 같다."와 같은 비난은 나이를 먹으면 반드시 여러분도 듣게 되는 말이다. 예전에 "나이는 숫자에 불과하다."라는 말이 유행을 했듯이 나이를 먹는 것을 부끄러워하지 않는 마음가짐을 젊었을 때부터 가질 필요가 있다.

★ '금전 개념이 없는' → '대범한', '화통한', '관대하고 좀스럽지 않은'.

　금전적인 면에서 개략적이고 적당히 넘기는 사람에게는 마음껏 얻어먹을 것을 권한다. 그런 사람과 교류할 때, 이쪽은 대담하고 솔직하게 대하는 것이 좋다.

★ '어리석은', '미숙한' → '순박한', '미완의 대기', '발전의 여지가 있는'.

　그 사람이 가지고 있는 성격 그대로를 드러낸다는 의미에서라면 "가식이 없는 점이 좋다."라고 평가해도 좋을 듯하다. 그러나 단순히 미숙할 뿐이라면 "솔직함을 그대로 드러나는 점이 매력이라면 매력이다."라고 넘어가는 것이 무난하다.

★ '날림', '부실한', '즉흥적인', '엉성한' → '뭔가 한 가지 부족한 듯한'.

　실제는 '한 가지' 뿐만 아니라 도처에 문제가 있는 경우라도 일일이 지적하면 끝이 없으니 "또 한 곳 신경을 써야 할 것 같은."이라고 말하는 것이 좋을 때도 있다.

★ '연약한' , '믿음직스럽지 못한' → '착하다' , '온후한' , '대립을 좋아하지 않는' .

어딘지 부족한 점이 있는 것 같은 사람에게는 그 사람의 능력에 대해서는 언급하지 않고 "어딘지 믿음직스러운 부분이 있다."와 같이 성격상의 장점을 들면서 평가를 해주면 좋다.

★ '품위가 없는' , '천박한' → '촌스러운' , '투박한' , '자유분방한' .

품격과 교양은 공통부분이 있어서 한마디로 "천박하다."라고 단정하기에는 무리가 있다. 이런 사람을 누군가에게 소개해야만 할 때에는 미리 "솔직한 성격 때문에 오해를 살 때도 있지만."이라고 말해서 상대가 어느 정도 마음의 준비를 하도록 하는 것이 좋다.

★ '유치한' , '경박한' → '(정신 연령이) 어린' , '소년 같은 마음' , '때 묻지 않은' .

성인다운 행동이 몸에 배어 있지 않거나 말과 행동이 가볍고 신뢰감이 없는 사람과 대면하게 되면 마음속의 말이 입 밖

으로 나오는 것을 꾹 참고 칭찬을 해주는 것이 성인다운 행동
이다.

★ '실패', '잘못', '실수' → '고집스러운', '일관된'.

　　외곬인 사람은 유연성이나 임기응변이 요구되는 일에는 어
울리지 않는다. 자신의 생각만을 주장하는 '고집'에서 벗어
날 수 없기 때문이다. 만일 융통성을 요구할 때에는 평소부터
그 사람의 고집을 인정하고, 존중해주는 것이 첫 번째이다. 고
집을 관철시키는 사람이기 때문에 자신을 이해해주는 사람이
부탁을 하면 내키지 않지만 고집을 꺾고 도와줄지도 모른다.
절대로 소홀하게 대해서는 안 되는 사람이다.

사소한 한마디가 품격을 드러낸다

23

2 호감도가 눈 깜짝할 사이 상승하는 표현!

★ '우유부단' → '사려 깊은' , '숙려를 거듭하는 유형'.

　우유부단이란 너무 길게 생각해서 결단을 내리지 못하는 것을 말한다. 이런 사람을 보고 "굼뜨다."거나 "결단력이 없다."라고 말을 해도 소용없다. "심사숙고형이군."이라고 한마디 해줘서 슬슬 결단을 내려야 할 때라는 것을 깨우치게 한다.

★ '구태의연' → '전통을 중시하는' , '철벽 수비'.

　아무리 시간이 지나도 변하지 않는 것에 초조해하지 말고 변하지 않는 점을 평가해야 한다. 그러면 의외로 그 의미를 알게 되거나 단순한 교만이었는지가 명확해진다.

★ '요령이 없는' → '느긋한'.

　무슨 말을 하고 싶은지 도무지 알 수 없고 초점도 불분명한 요령 없는 말투가 있다. "요점을 파악할 수 없군요." 하고 말하고 싶지만 "조금 느긋하군요." 하고 넌지시 말하는 것으로 이쪽의 의도를 암시해야 한다.

★ '무슨 소리를 하는지 모르는' → '추상적인', '예술적인'.

　"그건 비현실적인 이야기네요."라고 말하면 거부감을 주지만 "꽤나 추상적으로.", "추상적이라고 했지만."이라고 표현하면 이쪽이 이해하지 못하고 있다는 것을 전달할 수 있을 것이다.

★ '엉망인' → '독특한', '개성적인'.

　거래처 사장이 자랑스럽게 자신이 그린 그림을 보여주었는데 그림이 터무니없이 엉망이라면 말문이 막힐 것이다. 그때에는 그림을 칭찬하는 것도 낯부끄러운 일이니, 하다못해 그림의 독창성을 칭찬하는 것으로 마무리한다.

★ '머리가 나쁘다', '수준이 낮다' → '조금 거리가 있다'.

　사람을 머리의 좋고 나쁨이나 수준의 높고 낮음으로 왈가왈
부하는 것만큼 자신의 품격을 훼손하는 것은 없다. 조금 거
리가 있다고 하는 것은 달리 말하면 도움이 되지 않는다는
뜻이다.

★ '유행에 둔한', '시대에 뒤떨어진' → '유행에 휩쓸리지 않
　는', '신념이 있는'.

　유행에 관심이 없는 사람뿐 아니라 유행에 휩쓸리는 것을 싫
어하는 사람도 있다. 그런 사람을 평가할 때에는 시류(時流)
에 거리를 둔 자세를 칭찬하는 것이 좋다.

★ '행실이 나쁜', '천방지축' → '형식에 얽매이지 않는', '자
　유분방한'.

　형세를 읽고 하루빨리 유리한 쪽에 편승하는 사람은 어디에
나 있다. 그런 사람을 비난한다 해도 소용없는 일이다. 상황
판단에 뛰어난 점을 높이 사서 도움을 받는 것도 하나의 방법
이다.

★ '불평만 하는 사람', '요구만 하는 사람' → '자신의 의견을 가진 사람'.

'시끄러운 사람' 중에 때로는 배척하고 싶은 사람이 있다. 하지만 잘못하면 이쪽이 보복을 당할 수도 있기 때문에 "논객이다.", "항상 자신의 의견을 당당하게 말하다니 대단하다.", "자기주장이 확실한 사람이다."라고 추켜세우는 것이 무난하다.

★ '감정의 기복이 심한' → '모든 일에 민감한', '섬세한'.

갑자기 화를 내거나 침울해져서 눈물을 흘리거나 하는 사람의 옆에 있으면 불평불만을 늘어놓고 싶어진다. 그러나 만약 이쪽의 그런 말을 상대가 듣게 되면 한바탕 난리가 날 것이다. "모든 일에 민감하다.", "섬세한 면이 있다." 정도의 표현으로 머무는 것이 분별 있는 행동이다.

★ '약속을 지키지 않는' → '자기 페이스를 유지하는', '어딘지 바쁜 듯한'.

약속을 잊어버리거나 약속시간에 아무렇지 않게 늦거나 그럴듯한 이유를 대고 속이려고 하는 사람이 있다. 상대방의 입

장을 생각해서 화를 낼 수도 없을 때에는 이렇게 말을 하고 자
위한다.

★ '허점투성이인' → '무방비한', '사람을 잘 믿는'.
　결국 속아서 손해를 입는 것은 자신이니 다른 사람이 이러쿵
저러쿵 말해봐야 소용이 없다. 하지만 사실만은 대충 말해주
는 것이 좋다.

★ '의욕이 없는', '무기력한' → '선택지가 너무 많은'.
　"의욕을 내."라는 말을 듣고 의욕을 낸다면 걱정할 것은 없
다. "선택지가 너무 많아서 어느 것을 선택해야 할지 망설이
고 있군." 하고 말해주면 다른 사람들이 조금은 자신의 태도
에 대해 의문을 품고 있다는 것을 깨달을지도 모른다.

★ '독단적인', '독선적인' → '신념을 관철하는 자세', '주장에
　자신을 가지고 있는'.
　항상 "적극적인 노력은 평가할 만하지만 독선적으로 행동하

는 것은 곤란하다⋯⋯."라는 말을 하고 있는 사람은 사실은
자신의 의견이나 자세를 더 평가해주길 바라는 것이다.

★ '꿈만 추구하는 사람' → '이상을 위해서 도전을 계속하는
　사람'.

　백마 탄 왕자가 나타나기를 기다리기만 하는 몽상가는 아무
런 피해를 주지 않지만, 이것저것 간섭하고 돈을 요구하거나
빈털터리가 돼서 가족을 곤경에 빠트리는 사람이 있다. 하다
못해 그 만용만은 평가해주어야 한다.

★ '신념이 없는', '금방 의견을 바꾸는' → '임기응변', '유연
　성이 있는'.

　조령모개라는 말은 좋지 않은 예이지만, 속도를 중시하는 오
늘날에는 나쁜 것이 아니라고 생각하는 풍조도 있다. 신념이
없는 상사도 곤란하지만 사전에 결론이나 결정을 예상해서
준비해두면 상황에 휩쓸려서 우를 범하는 것은 피할 수 있을
것이다. "변화에 대한 대응력이 대단하네요." 하고 말한다.

★ '경솔한' , '경박한' → '즉시 실행에 옮기는 사람' , '솔선수
   범한' .

   감성적인 사람이다. 너무 깊게 생각하지 않고 재빨리 행동에
   나서서 실패하기도 한다. 게다가 반성도 하지 않기 때문에 몇
   번이고 반복된다. 그러나 행동에 옮기는 행동력은 평가할 만
   하다.

★ '지기 싫어하는' → '결과에 무게를 두는' , '승부에 대한 집
   착이 강한' .

   승부에 대한 집착은 없는 것보다 있는 편이 좋다. 그래서 진
   보와 성장이 있는 것이다. 단 지나친 집착은 오히려 자멸을 초
   래하는 경우도 있다.

   조금 냉정히 생각한다는 의미에서 결과나 승부라는 말로 강
   조하는 것도 효과적이다.

★ '모든 일이 엉망이다' → '좀처럼 목표에 이르지 못한다' .

   업무가 잘 진행되고 있는지 어떤지는 부하직원 본인이 가장
   잘 알고 있다. 지나치게 감정적인 말은 원망을 사기도 한다.

냉정하고 논리적인 표현이 마음을 움직인다.

★ '무리한 일과 어려운 일만 시킨다' → '점점 어려운 안건이 내려온다'.

　무리하다거나 어렵다고 단정하고 아이처럼 불평만 해서는 직장에서 호의를 얻기 어렵다. 능력부족이라는 말을 듣지 않기 위해서는 사실을 객관적으로 말해야만 한다.

★ '눈에 띄는 점이 없다', '특징이 없다' → '능력이 있다.'

　딱히 장점이나 단점이라고 할 데가 없다면 그것대로 만능선수라고 칭찬해도 좋다. 무슨 일이건 별 어려움 없이 처리하고 있는 것으로 볼 수 있으니, 어떤 의미에서는 중요한 인재라고 할 수 있다.

호감도가 눈 깜짝할 사이 상승하는 표현!

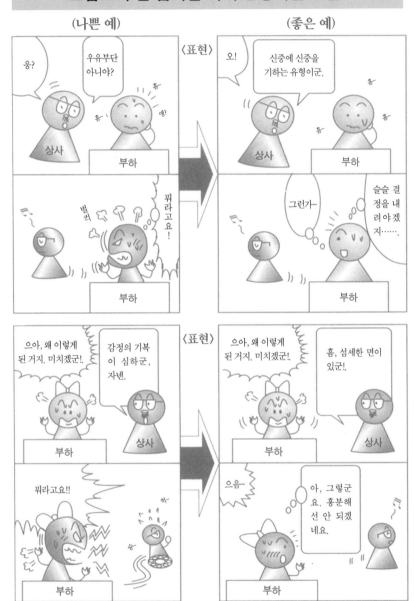

3 사회인으로서 빛나는 언어의 마술

★ '경험이 부족한' → '때가 묻지 않은 신선함이 무기다'.

　처음에는 누구나 아마추어이다. 경험이 없는 것을 이유로 언제까지나 도전의 기회를 주지 않으면 불만만 쌓이게 된다. "고정관념이 없기 때문에 자네에게 맡기겠네."라고 말하는 편이 듣는 사람도 의욕이 생긴다. 오히려 경험이 있는 사람은 자신만의 습관이 있어서, 이런 말로 신입사원에게 기회를 주는 것이 좋다.

★ '무턱대고', '앞뒤 가리지 않고' → '실전에서 능력을 발휘하는 유형'.

　제대로 준비도 해오지 않은 것을 뒤늦게 질책해봐야 소용이 없다. "그래? 진검승부를 좋아하나 보군.", "실전에 강한 유형인가 보군." 하고 우선 격려한 뒤 일에 임하게 하는 편이 상사로서의 품격을 느끼게 한다.

★ '도대체 무슨 말을 하고 싶은가', '너무 장황하군' → '결론까지 얼마나 남았나'.

　비즈니스 현장에서는 결론을 먼저 말하는 것이 철칙이다. 그러나 아직 학생티를 벗지 못한 신입사원의 경우나 현실성이 부족한 부하직원의 경우에는 주위 사정이나 배경 설명부터 하는 경우가 많다. 조바심에 한마디 하고 싶어지지만, "얼마나 남았나?" 하고 참고 들어주고 있다는 것을 깨닫게 하는 것도 교육의 하나이다.

★ '몇 번을 얘기해야 알아듣나' → '실수를 반복한 이유를 말해보게'.

　감정적으로 말을 한 시점부터 표현은 분노로 변한다. 꾸짖을 것이라면 냉정하고 논리적인 자세가 중요하다.

★ '의욕이 없으면 그만둬' → '재능을 발휘하기 위해 내게 필요한 것은 무엇인가'.

　화가 나서 감정적으로 내뱉는 말은 오히려 역효과를 초래하는 경우가 많다. 자기 자신을 되돌아보게 하고 다시 생각하게 만들기 위해서는 질문이 가장 효과적이다. 그것도 "왜 의욕이 없는지 말해보게."라고 책망하듯 묻는 것이 아니라 어떤 도움을 필요로 하는지 물어봄으로써 상대방이 자신을 되돌아보게 하는 것이 중요하다.

★ '또 지각인가, 대체 무슨 생각인가' → '어떻게 하면 지각하지 않을지 생각해보게'.

　잘못을 지적하며 직접 비난하는 것보다 스스로 생각하게 만들어서 반성을 유도하는 것이 효과적이다. 덧붙여서 "잘 생각해보았다니 다행이군." 하고 노고를 위로하는 것도 잊지 말아야 한다.

★ '그렇게 건방진 말을 하다니', '철없는 소리 하지 말게' → '그 말은 안 들은 걸로 하는 게 좋겠군'.

상대방이 아직 미숙하다고 단정적으로 말하는 것보다 조금 경험을 쌓고 난 후에 해야 할 말이라는 것을 깨닫게 하는 편이 상대방의 도를 넘은 태도를 반성하게 하는 계기가 된다.

★ '못생긴 얼굴', '추남, 추녀', '미인이 아니다.' → '친근한 얼굴', '호감이 가는 얼굴'.

다른 사람의 외모에 대해 운운하는 것은 사회인으로 실격이다. 사람을 깔보는 표현을 하는 사람이 여러분에게 동의를 구하는 경우에는 "그건 너무 심하네요. 저에게는 아주 친근감이 가고 개성적인 표정을 가진 사람으로 보이는데요." 하고 말하고 주의를 주는 것이 사회인으로서의 태도이다.

★ '발전이 없는 사람', '아무 쓸모가 없는 사람' → '대기만성형', '기대감이 높은 사람'.

인간의 능력은 한 가지 일로 판단할 수 있을 만큼 단순하지 않다. 어떻게 성장할지 모르기 때문에 단정적으로 우열을 가리지 말고 긴 안목으로 지켜보는 자세를 가져야 한다.

★ '무슨 일에나 손을 대는', '여기저기 간섭을 하는' → '수비 범위가 넓은', '다재다능한'.

남의 일에 이런저런 간섭을 하고 뒷말을 하는 성향을 가진 사람은 호기심이 왕성하고 실천력이 뛰어난 사람에 대한 질투심을 숨기고 있는 경우가 많다. 행동범위의 폭넓음과 능력의 다면성을 칭찬하는 것이 올바른 행동이다.

★ '너무 솔직한 사람' → '성실한 사람', '겉과 속이 같은 사람'.

"너무 솔직하게 말하니까 놀림을 당하는 것이다."라는 말을 들으면 더 화가 나게 된다. "여러분의 성실함이 오히려 화가 된 듯하다."라고 말하면 위로가 된다.

★ '방약무인한' → '큰 인물이다.', '철부지 같은 면이 있다.'

주위를 신경 쓰지 않는다, 분위기 파악을 못 한다, 혼자만 튀는 행동을 한다. 이런 사람은 경원시되기 쉽다. "큰 인물이다.", "철부지 같다."라며 거리를 두고 가볍게 대하는 것이 점잖은 태도이다.

★ '어른스런 성격' , '눈에 띄지 않는 사람' → '견실한 성격' , '품행이 방정한 사람' .

어른스럽다든가, 눈에 띄지 않는다는 표현은 약하고 활기가 없다는 의미와도 통한다. 특별한 장점이 눈에 띄지 않는다면 무난한 표현으로 대해야 한다.

★ '평범한 수준' , '평균 정도' → '견실한' , '뛰어난 수준' .

세상에는 평균 수준의 사람이 가장 많다. 그것을 그대로 말로 표현하는 것은 좋지 않다. 이것을 잘 구분해서 표현할 줄 아는 점잖은 품격은, 보다 부드러운 표현으로 나타난다.

★ '일하는 게 굼뜬' → '신중한' .

똑같은 압박을 가하는데도 마니어스 시점에서 보고 있는 것을 강조하는가, 플러스 시점에서 보고 강조하는가에 따라 부하직원의 반성의 정도도 달라진다. 반발심을 느끼지 않도록 조금 속도를 내도록 하는 것이 노련한 상급자이다.

★ '제멋대로 하는' → '너무 앞서가는'.

　화가 났다고 화를 그대로 표출하기보다는 꾹 참고 논리적으로 이야기하는 것이 사회인으로서의 기본이다. 이것저것 끝도 없이 말하기 시작하면 여러분의 품격은 떨어진다. 응축된 한마디가 위엄을 지킬 수 있다.

★ '맛없는 요리' → '익숙하지 않은 요리', '맛이 독특한 요리'.

　사람마다 맛에 대한 취향은 다르다. 자신의 입맛에 맞지 않는다고 해서 그것을 그대로 표현하면 분위기는 어색해진다. 내키지 않는 음식을 권한다면 "익숙하지 않은 음식이어서." 하고 말하는 것이 기본 매너이다.

★ '뻔뻔함에도 정도가 있는' → '자리를 잘 구분하는'.

　정면에서 말하는 것이 거북한 말을 비즈니스 자리에까지 가져오는 것은 좋지 않다. 결렬을 피하면서 이쪽의 요구사항을 전달하기 위해서는 타당한 표현을 선택해야 한다. 지속적인 인간관계를 유지하려고 노력하는 것이 사회인으로서의 자세이다.

★ '이상한' , '괴상한' , '어쭙잖은' → '개성적인' , '특이한' , '드문' , '참신한' .

말이란 자신도 모르게 튀어나오는 경우가 많기 때문에 평소부터 적절한 단어로 바꿔서 말하는 노력을 해야 한다. '이상한 사람, 괴상한 사람' 등과 같은 말은 말할수록 자신의 부족한 어휘력을 드러낸다. 봉인해두는 것이 좋은 단어이다.

★ '술을 마시지 못한다' → '술에 약한 편이어서 죄송하다' .

술을 한 잔도 마시지 못하는 체질도 있다. "마시지 못한다. 죄송하다."라는 말들은 기껏 신경을 써준 상대방을 허탈하게 만든다. 이때는 정중한 표현을 사용해서 상대방에 대한 경의를 표해야 한다.

사회인으로서 빛나는 언어의 마술

(나쁜 예)   (좋은 예)

말은 자기 자신을 비추는 거울이자 영혼을 지배한다!

상대방에게 말을 하는 것은 의사 내용을 전달하기 위해서만이 아니라 동시에 자신의 영혼을 전달하는 작용이자, 그것은 말한 순간에 자기 자신을 구속한다는 것을 의미한다.

인류는 고대로부터 말이 갖는 신비한 힘과 작용, 즉 과학적으로 설명할 수 없는 신비적·초자연적인 현상을 중시해왔다고 할 수 있다.

물론 이런 작용은 오늘날 이미 심리학 분야에서도 밝혀져 있으며, 누구나 일정한 연령에 이르면 경험적으로 자각할 수 있을 것이다.

'그렇지만', '어차피 ~이니까.' 등과 같은 부정적인 말을 하면 시계(視界)는 늘 피해망상적으로 변하고, 주위 사람들은 점점 떠나가고 여러분은 더 고독해진다.

또 항상 긍정적인 생각을 하고 플러스 작용을 주는 말을 사용할수록 뇌의 사고회로도 만사를 긍정적이고 밝게 생각하게 된다.

뇌의 사고조차도 말하는 단어로 인해 영향을 받으며, 반대작용이 있다는 것에도 주목해야 한다.

PART1에서 본 '말의 교환 예'가 합리적이고 결과적으로 상대방과 자신에게 행복을 가져다주는 짧은 문장이 되고 있는 점을 이해할 수 있었을 것이다.

미리 전제된 일이나 사물을 보는 방식을 180도 전환해서 말하는 것을 생각해보면 알기 쉬울 것이다.

이것이 소위 패러다임 전환이라는 것이자 고정관념을 허물고 상대방의 마음에 불을 밝히고, 동시에 자신의 마음에도 등불을 밝히는 하나의 작은 시험이 된다.

언어는 인간만이 가진 편리한 도구이다. 그러나 무의식중에 아무렇지 않게 계속 사용하는 사이에 먼지가 쌓이고 더러워진다. 가끔씩 청소를 하지 않으면 긴 세월 동안 녹이 슬고 본래의 기능도 발휘하지 못하게 된다.

사회인이 되고 기성인으로서의 품격을 몸에 익혔다면 그에 어울리는 언행을 해야 한다.

그리고 그 위에 조금 생각해보아야 하는 것이 어떤 이미지의

'기성인의 마음'으로 말을 해나갈 것인가라고 하는 균형의 문제이다.

'기성인의 마음'이라는 것은 본래 한쪽으로 치우치지 않은 공정함이자 논리적이고 합리성을 중시하는 것으로 때때로 냉정하고 무자비한 울림을 갖기도 할 것이다.

특히 상사와 부하, 부모와 자식이라는 상하관계에 있어서는 더욱이 부모의 권위적인 측면이 강해지면 그 성격이 강제적이고 친근함을 갖지 못하게 될 가능성도 있다.

그런 장면에서는 아주 조금이라도 어머니적인 자애로 충만한 요소를 더하면 부드러운 분위기를 만들 수 있을 것이다.

예를 들어 지각만 하는 부하직원에게 "어떻게 하면 지각하지 않을지 생각해보게."라고 말하는 것이 권위적인 아버지의 엄격을 지나치게 강조하는 것 같다면 "어떻게 하면 지각을 하지 않을지 함께 생각해보도록 하지."라고 바꾸면 된다. 그러면 과잉보호형의 어머니가 자애롭게 말을 하는 뉘앙스로 느껴질 수 있다.

물론 어느 쪽 표현이 좋은가 하는 정답은 없다. 합리적인 기성인의 마음에 아버지적인 권위적 요소나 어머니적인 자애의 요소등, 어느 쪽의 에센스를 조금 첨가하는 것만으로 상대방에게 전해지는 인상도 상당히 달라진다.

상대방의 성숙도를 헤아려서 조금이라도 받아들이기 쉽도록 여러분도 변화를 줘야 한다. 그것이 진정한 사회인의 '기성인다운 마음' 이라고 할 수 있다.

말하는 법의 비결 ①

논리적이고 현명하게 보이는 말하는 법이란?

'물에 빠지면 입만 뜰 것 같은 사람' 같다는 말을 듣는 사람이 있다. 아무것도 거칠 것 없이 지껄이고 자신이 하고 싶은 말만 하고 다른 사람의 얘기는 듣지 않는 사람을 가리킨다.

이래서는 사람들이 가까이 오지 않는다.

대화는 말의 캐치볼이다. 상대와 원활히 볼을 주고받을 필요가 있다. 입이 하나이고 귀가 두 개인 것은 자신이 말하는 양의 두 배는 들어주라는 것이다.

그렇게 되려면 말하는 단어는 양보다 질이 중요하다.

적절한 단어를 골라서 말하는 습관이 몸에 배어 있지 않으면 상당히 어려운 일이다. 전하고 싶은 것이 머릿속에 차례차례 떠오른다고 해서 그것을 그대로 표현하면, 듣고 있는 사람은 정보가 많은 만큼 미묘한 부분까지 잘 이해하고 이미지하기 쉬운 듯하지만, 실제로는 그 반대인 경우가 많다.

쉴 새 없이 흘러나오는 말에 중요한 사고가 따라가지 못해서 듣는 사람은 상대방이 무슨 말을 하고 싶은지, 핵심을 이해할 수 없게 한다.

그럼 어떻게 해야 적절한 단어를 고를 수가 있을까?

평소에 '결론'을 준비해야 한다.

자신의 마음속에 결론이 내려져 있지 않다면, 그것이 지금의 결론이라면, 그것을 먼저 중심으로 전하도록 해야 한다.

잘 모른다면 모르는 것만을 전달하도록 한다.

좋은지 싫은지, 하고 싶은지 아닌지, 받아들일지 거절할지, 이러한 결론을 먼저 염두에 두도록 평소부터 주의해야만 한다.

그렇게 하면 그 결론을 어떻게 하면 전달할까라는 것이 주제가 된다.

많은 말이 필요 없이도, 그것을 간략하게 전달하는 말만을, 상대방의 얘기를 들으면서 생각하면 되는 것이다.

천천히, 침착하게 어떻게 표현할 것인가를 생각한다.

그리고 말하고 싶은 것이 떠오르면 그것을 직접적으로 표현한다.

간결하게 이론적으로 현명하게 말하는 법이란 이러한 마음가짐으로부터 생기는 것이다.

PART 2
말하기 어려운 것을
능숙하게 전달하는 화술

요구 · 거절 · 의뢰 · 반론 · 설득할 때의 한마디

1 센스가 빛나는 능숙한 의뢰 · 거절!

★ 무리란 걸 알고 부탁드리는 것이다.

'어떻게 이번 한 번만', '죄송한 얘기인 줄 알지만', '말씀드리기 어려운 부탁이지만' 등의 표현과 마찬가지로, 상대방의 좋지 않은 상황을 알고 있는 상태에서 의뢰할 때의 표현.

★ OO 씨이기 때문에 부탁드리는 것이다.

다른 사람이 아닌 여러분밖에 할 수 없는, 여러분만 믿고 부탁하는 것이라는 한정 트릭으로 상대방을 추켜세우면서 의뢰하는 표현.

★ 무슨 일이 있어도 들어주어야만 한다.

이쪽의 요구를 꼭 들어주어야만 한다는 일방적인 표현. 상대방을 옳은 방향으로 이끌고 싶은 강한 마음으로 설득하는 장면에서 사용하면 좋다.

★ 승낙할 때까지 돌아가지 않을 결심으로 왔다.

싫어도 받아주길 바라는 강한 신념이 있다는 것을 표명. 감정이 격해져서 지나치게 강요하면 반발을 살 수도 있으니 표현상의 기교로써 사용한다.

★ 무리한 부탁이 있어서 찾아왔다.

이쪽이 절박한 상황에 처해 있다는 것을 강조하는 표현. 최근에는 가볍게 사용하기 때문에 절박함이 퇴색한 느낌이 있다.

★ ~해주시리라 생각한다. ~해주시지 않으면 곤란하다.

물러서지 않는다는 의지가 포함되어 있기 때문에 타협을 허용하지 않는 표현이다. "어쨌든 ~해주시리라 생각한다.", "꼭

~해주지 않으면 곤란하다."와 같이 반복해서 사용해서 상대방을 몰아붙이기에도 편리한 표현. 표현의 강도가 세기 때문에 뒤끝을 남기는 경우도 많다. 뒤끝이 없는 상대에게 사용하는 것이 무난하다.

★ 제 진심을 헤아려서.

빨리 동의를 얻고 싶을 때 재촉하는 표현. 제 진심을 이해하셨다면, 이젠 찬성할 수밖에 없다고, 반드시 승낙해야만 한다는 것을 전제로 한 표현으로 교만한 인상을 줄 수도 있다.

★ ~라는 사정을 헤아려주시길 바랍니다.

상대방의 사정이 어떻든지 자신의 곤란한 상황을 설명함으로써 상대방의 대응을 요구하는 표현. 서먹서먹한 관계의 사람이라면 "그게 나하고 무슨 상관이야."라고 생각할 수 있으니, 긴밀한 상대에게 사용해야 한다.

★ 검토해주시길 바랍니다.

이러한 조건을 준비했는데 어떻습니까?라고 권할 때의 표현. 몇 번이고 '꼭 긍정적으로 검토를' 이라고 자주 사용하면 비굴한 이미지를 줄 수도 있다.

★ 배려해주시길 바랍니다.

"어떻게 한번 잘 부탁드립니다."를 정중하게 표현한 말. 구체적인 대상을 밝히지 않고 추상적인 요구가 되는 경우도 많기 때문에 "알겠다."라고 가볍게 받아들이고 무시하는 경우도 있다.

★ 아무쪼록 힘을 빌려주시길 부탁드립니다.

약한 입장에 있는 사람이 강한 입장에 있는 사람에게 원조를 청하는 말이지만, 단순히 인사 대신으로 표현하는 경우도 많다.

★ 실례를 범해서 죄송스럽지만.

무례, 무뢰한 것을 말한다. 갑자기 또는 지위가 낮아서 의뢰하는 것이 거북할 때에 덧붙이는 표현.

★ 부디 조금만 연장해주시면.

사정이 있어서 약속 시간을 지키지 못하거나, 마감을 연기해
주길 바랄 때 사용하는 표현. 약속을 지키지 못하게 됐을 때는
"부디 양해를 구합니다."라고 표현한다.

★ 폐를 끼치게 됐다.

자신보다 지위가 낮은 사람에게 경의를 표하면서 "확실하게
처리해주길 바란다."는 요청을 할 때 사용하는 표현.

★ 시간이 나실 때라도 괜찮으니.

딱히 급하지 않은 용건을 의뢰할 때의 관용 표현. "한가한 때
라도 좋으니." 하고 의뢰하면 상대방을 '한가한 사람'으로 보
고 있는 것이 돼서 실례이기 때문에 이렇게 표현한다.

★ 한번 뵙고자 해서.

높은 사람이 만남을 주선해서, 대면시켜주길 바랄 때 다시
한 번 사용하는 의뢰의 표현. "귀사의 사장님과의 만남을 부

탁드리고자."라는 표현은 유치하고 실례이다. 또 "사장님을 알현하고 싶어서."라는 표현은 "예? 알현?"이라고 비서가 고개를 갸웃거릴 수도 있으니, 이 정도의 표현이 좋을 듯하다. "뵙고 싶어서"보다도 엄숙한 느낌을 준다.

거부 · 거절

★ 사정은 잘 알겠지만…….

"받아들일 수 없다.", "무리이다."처럼 냉정하게 거절하지 않고, 상대방의 체면을 배려하는 것이 어른스러운 거절 방식이다. "공교롭게도……."와 같은 말을 덧붙이는 것도 좋다.

★ 신중하게 검토해봤지만 이번에는 보류하는 것이 좋을 듯…….

"감사한 말씀이지만.", "도움이 되지 못해서 유감이지만."과 같은 말을 덧붙이면 좋다. 일단 이야기를 들어준 후에 거절하는 것이 냉정하게 거절했다는 인상을 없애준다.

★ 기대에 보답하지 못해서 정말로 유감이다…….

상대방의 의향에 따르지 않아서 미안하고 나쁘게 생각하지 않기를 바라는 마음을 담아서 이렇게 말한다. "이번에는 승낙을 얻지 못해서."라고 말하면서 자신 때문이 아닌 조직의 내부사정으로 거절한 것처럼 조율하는 사람도 있다.

★ 제 능력 밖의 일로…….

자신은 미숙하고 능력 부족이라고 낮춤으로써 거절의 의사를 전달한다. "저는 아직 모르는 것이 많습니다.", "능력 부족으로." 등과 같은 말을 덧붙이는 것도 좋다. "저로서는 그와 같은 일을 처리하기에는 부족한 것이 너무 많습니다."라고 말하는 것도 마찬가지이다.

★ 본의 아니게 그만…….

"본의 아니다."라는 말은 자신이 원했던 것이 아니라는 의미이다. 거절하는 것이 본인의 의사가 아닌 다른 사정에 의한 것이라는 태도이지만, 이것은 단순한 거절의 관용적 표현이다.

★ 그것은 어려운 일인 것처럼…….

　검토의 여지도 없이 바로 거절할 만한 내용의 얘기일 때 사용하는 표현. "그것은 도저히 무리이다."라고 말하고 거절해 버리고 싶지만 상대방의 체면을 생각해서 "어렵다."라고 심각하게 말하는 것이 사회인으로서의 행동이다.

능숙한 의뢰 · 요구 방법 ─ 능숙한 거절 · 거부 방법

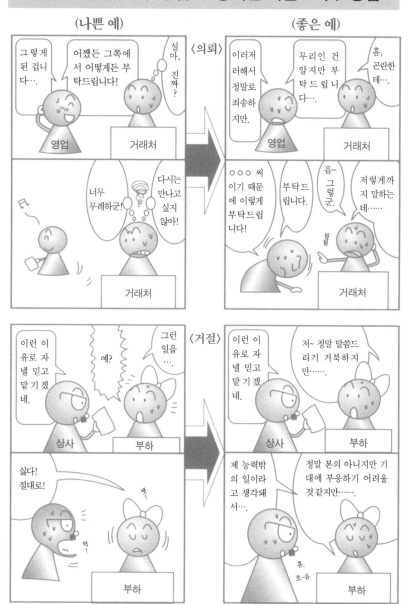

2 상대방에게 악감정을 주지 않는
사과나 사죄 방법

★ 진심으로 죄송합니다.

'죄송'이란 핑계나 변명으로, 그런 이유를 말하지 않아도 상대방에게 폐를 끼친 일에 대해 사죄하는 말이다. "미안합니다."는 너무 가벼워서 금물이다.

★ 부디 용서해주십시오.

상대방의 용서를 바라는 표현.

★ 부디 용서를 해주시길 부탁드립니다.

(앞부분 생략) 진심으로 말을 함으로써 자신의 죄나 잘못을 깊이 반성하고 있다는 것을 나타낸다.

★ 달리 죄송하다는 말씀밖에 드릴 수가 없다.

"변명의 여지도 없다."와 같은 것으로 변명을 할 수 없을 정도로 괴롭게 생각하고 있다는 것을 나타낸다.

★ 많은 폐를 끼쳐서 진심으로 죄송하게 생각합니다.

한 가지 폐뿐 아니라 여러 가지 폐를 끼쳐서 그 하나하나에 대해 깊이 인식하고 사죄하는 표현. "일전에 실례가 많았습니다.", "제 부주의로." 등도 같은 표현이다.

★ 여러모로 폐를 끼쳐 깊이 사죄드립니다.

주의하지 못한 것, 서비스가 세심하지 못했을 때 등에 사죄하는 말. "앞으로 다시는 이런 일이 없을 것을 약속드립니다." 라고 덧붙이는 것도 좋다.

★두 번 다시 이런 일이 없도록 하겠습니다.

　　몇 번이고 사죄의 말을 한 후 마무리를 할 때 사죄의 표현.

★제 부덕의 소치입니다.

　　자신의 부족한 점을 사죄하는 말. 부하직원이 일으킨 불상사
를 사죄할 때 등에도 사용한다.

★깊이 반성하고 있으니 부디 용서해주십시오.

　　자신의 잘못을 깊이 사죄할 때의 말.

현명하게 사죄할 때의 말

★정말로 폐를 끼쳤습니다.

　　폐를 끼친 것을 지금도 후회하고 죄송하게 생각하고 있는 마
음을 나타내는 표현.

★ 번거롭게 했습니다.

자신이 부탁을 해서 폐를 끼친 것을 사죄하는 말. 감사와 위로의 뜻이 담겨 있다.

★ 이처럼 큰 실례를 범해서.

나중에 생각하니 면목이 없을 만큼의 행동이나 잘못, 실수 등을 사죄할 때의 말. 부하직원의 잘못을 사죄할 때에는 "부하직원이 그런 실례를 저지르다니……."라고 사과한다.

★ 진심으로 부끄러울 따름입니다.

실패한 것을 부끄럽게 생각하고 있다는 사죄의 마음을 나타낸다.

★ 가슴속 깊이 명심하겠습니다.

두 번 다시 똑같은 실패를 하지 않도록, 마음 깊이 새겨둘 것을 맹세하는 말. 충고를 들었을 때에 사용하고, 겸손하게 반성하는 마음을 나타낸다.

★ 부주의했습니다.

　자신의 잘못은 생각이나 배려가 부족해서 일어났다고 반성을 표하는 것으로 사죄의 표현이 된다.

★ 제 능력이 미치지 못해서.

　자신의 능력 부족을 인정하는 것으로 사죄의 마음을 나타낸다.

★ 기분이 나쁘지 않으셨는지.

　상대의 기분이 불유쾌했을 것 같은 일에 대해 반성의 마음을 표하고 사죄하는 말.

★ 두고두고 후회하는 마음뿐입니다.

　언제까지나 반성하는 마음을 잊지 않는다는 표현으로 용서를 구하는 말.

★ 부디 용서를 구하는 바입니다.

단도직입으로 사죄하는 표현.

★ 면목이 없습니다.

'면목'이란 다른 사람을 대하는 얼굴을 가리킨다. 부끄러워서 다른 사람을 대할 얼굴이 없다는 자각을 나타내며 용서를 구하는 말.

★ 앞으로 명심하겠습니다.

두 번 다시 실패해서 폐를 끼치지 않을 것을 맹세하고 반성과 사죄를 나타내는 말.

★ 죄송합니다.

작은 실패에 대해 상대방의 마음을 헤아려서 풀어주는 사죄의 말.

★ 양해를 구합니다.

　과실을 헤아려주기를 바라며 용서를 구하는 표현.

★ 너무 걱정하지 마십시오.

　이쪽은 그만 잊으려고 노력하고 있으니 상대방도 그만 잊으라고 배려해주는 아름다운 울림을 가진 표현.

★ 이번에는 너그럽게 보아 넘기겠습니다.

　"이번에는 눈을 감아주겠다."와 같은 표현. 실패는 이번으로 끝내달라는 의미가 있다.

★ 저희에게도 좋은 교훈이 되었습니다.

　실패는 상대방뿐 아니라 이쪽의 주의도 부족했다는 자괴의 마음을 담아서 상대방을 위로하는 선함을 느끼게 하는 표현. "좋은 공부가 됐습니다."도 좋다.

사죄의 방법이 여러분의 품격을 결정한다!

3 변명이나 반론을
기분 좋게 대처하는 표현의 기술

변명의 말

★ 일전에는 일 때문에 실례했습니다.

'일 때문에' 라는 말은 일이 집중돼서 바쁜 것을 의미한다. 상
대방을 소홀히 대했던 경우, 나중에 변명할 때 사용하는 표현.

★ 개인적인 일로 죄송하지만.

개인적인 얘기를 꺼낼 때의 관용적 표현. 신변잡기에 관한
얘기를 하는 것을 승낙해주기를 바라는 표현.

★ 제가 잘못 기억하고 있는지 모르겠습니다만.

정확한 기억에 기초한 이야기가 아닌 것을 미리 말함으로써 상대방의 양해를 구하는 표현. 상대방의 잘못된 정보를 정정할 때에도 전제하는 말로 사용하면 큰 지장이 없다.

★ 실례인 줄 알지만.

다른 사람의 얘기를 정정하는 등 사람에 따라서는 쓸데없이 개입하는 것이 될 수도 있는 행동을 했을 때 사용하는 변명의 표현.

★ 그 분야에는 문외한이어서.

'문외한' 이란 문의 바깥이자 전문가가 아닌 아마추어라는 뜻. 상대방의 얘기에 동의할 수 없을 때에 지식이 충분하지 않기 때문에 판단을 내릴 수 없다고 이야기할 때 편리하다.

★ 제 부족함으로.

자신의 견문이 짧거나 지식이 적다고 겸손해하는 변명. "알고 계셨습니까?"라고 묻는다면 "글쎄요, 잘 모르겠습니다."라고 대답하는 장면에 사용하면 된다.

★ 심려 말고 말해주었으면 좋았을 텐데, 실례했네.

본래 이쪽이 신경을 쓰지 않으면 안 되는 일에 신경을 쓰지 못해서 상대방에게 불편이나 폐를 끼쳤을 때에 순간적인 변명의 말. "언제라도 심려 말고 말하라."는 등과 관련해서 사용한다. 이쪽이 깨닫지 못한 점을 상대방에게 지적해달라고 말하는 것은 실례이기 때문에 손윗사람 등에게는 사용하지 않는다. 친한 관계일 때만 사용하는 표현이다.

★ 말씀드리기 대단히 거북한 말씀입니다만.

상대방의 귀에 거슬리는 얘기를 할 때, 전제로 사용하는 관용적인 표현.

★ 제가 관여할 일은 아니지만.

자신보다 지위가 높은 사람을 제쳐두고 무언가를 할 때 "자

신에게는 본래 어울리지 않는 역할이지만." 이라고 겸손함을
나타내는 표현.

★ 잘 알고 계신 줄 알고 있지만.

　자신보다 지위가 높은 사람에게 "알고 계십니까?" 라고 묻는
것은 거북하기 때문에 알고 있다는 것을 전제로 이야기를 진
행시키기 위한 관용적 표현. "어? 그건 무슨 말인가?" 라고 묻
는다면 "실례했습니다." 라고 말하고 설명을 한다. 혹시 "그런
것도 몰랐습니까?" 라고 하는 표정은 짓지 않도록 신경을 써야
한다.

클레임의 표현

★ 처음 얘기와는 조금 바뀐 것처럼 생각되는데요.

　"얘기가 다르군요." 하고 직접적으로 말하면 싸움을 거는 것
처럼 보일 수도 있기 때문에 '취지', '뉘앙스' 라는 부드러운
표현으로 말하는 것이 성숙한 행동이다.

★ 바쁘신 와중에 실례인 줄 압니다만.

"잊고 있었군요." 하고 지적하는 것은 비난하는 말투인 만큼 상대방의 입장이 궁핍해진다. '바쁘신' 이라는 이유를 덧붙여 줘서 상대방에 대해 배려해주고 있다는 것을 암시한다.

★ 이건 어떻게 생각하실지 모르겠지만.

'어떻게' 라는 것은 그렇게 바람직하게 생각하지 않는다는 것을 우회적으로 나타내는 것. "이건 어떨지 고민하고 있다." 와 같은 의미로 사용한다.

★ 곤란하군요.

일의 진행상태가 원활하지 않을 때나 결과가 뜻대로 되지 않을 때 사용한다. 이런 상태로는 받아들일 수 없기 때문에 어서 빨리 선처를 바란다는 뜻을 나타낸다.

★ 듣지 않았군요.

실제로 사정 설명이 없었을 때나 일이 당초의 설명대로 진행

되지 않았을 때 등에 하는 말로, 왜 일이 이렇게 전개되었는지 즉답을 요구할 때 사용하는 표현.

★ 재촉하는 듯해서 죄송하지만.

빨리 하라고 재촉하는 말. 실제로 서두르고 있지만 완곡하게 사용하는 관용적 표현.

★ 양해를 구합니다.

사전에 "이 점만큼은 확실히 부탁한다."라고 확답을 구할 때 사용하는 표현. 일의 진행 상황이 나쁜 경우에 "이번 달 중이라고 했던 약속을 지킬 수 없다면 계약을 파기할 수밖에 없으니 이 점만은 부디 양해를 구한다."라고 클레임으로 사용하기에도 편리한 표현.

반론의 표현

★ 똑같은 말을 반복하는 듯해서 죄송하지만.

반론을 하려고 할 때 자신이나 상대방에게 냉정함을 유지하기 위해 말하는 표현. 서로 다른 의견을 가지고 있고 서로의 의견을 말하려고 할 때 사용한다.

★ 견해가 다르군요.

사물을 보는 방식이 달라서 상대의 의견에 반대를 표하는 관형적 표현. "그건 틀렸다."라고 말하면 대립할 수밖에 없기 때문에 이처럼 부드럽게 말한다.

★ 무슨 말씀인지는 잘 알겠지만.

상대방의 의견은 인정하지만 자신은 다른 의견이 있다는 것을 말할 때 쓰는 관형적 표현.

★ 재차 질문을 해도 괜찮겠습니까?

손윗사람이나 거래처 사람의 생각에 반대할 때 정면에서 반대할 수 없기 때문에 질문의 형태를 바꿔서 상대방 의견의 약점 등을 공격할 때 사용한다.

★ 그렇게 생각할 수도 있겠군요.

자신의 의견보다 좋은 의견을 들었을 때 한층 상대방의 의견에 대해서 자세하게 알고 싶을 때 사용하는 표현. 자신의 의견을 개정하는 일 없이 상대방의 의견의 타당성만을 검토한다.

★ 무슨 말씀인지 잘 알겠습니다.

상대방의 의견을 마지막까지 듣고 납득한 것처럼 행동하면서 "그런데 이런 경우에는 어떻게 하면 좋겠습니까?"라고 구체적인 예를 들면서 약점을 찌르는데 사용한다.

센스가 빛나는 표현!

말하기 거북한 것을 긴장하지 않고
잘 전달하기 위해서는?

여러분이 가장 신경을 써서 사람과 접하는 자리가 있다면 어디
일까? 가정, 학교, 직장인가 물어보면 많은 사람이 직장이라고 대
답할 것이다.

일상의 양식을 얻는 장소이자 오랜 세월에 걸쳐 이해득실에 신
경을 쓰면서 인간관계를 쌓아가지 않으면 안 되는 장소인 만큼
당연히 그러한 답이 돌아올 것이다.

직장은 정신적인 자유가 가장 속박받는 장소라고 말할 수 있다.
평소에 여러 가지 장면에서, 아주 사소한 표현이나 태도가 그 후
의 결과에 큰 영향을 미친다.

자신은 아주 평범하고 상식적인 사람, 한 사람의 사회인으로 생
각하지만 어느새 무신경한 사람, 강압적이고 교양 없는 사람이라
는 꼬리표가 붙여지기도 하는 무서운 장소이기도 하다.

사회인으로서의 말투, 정해진 매너를 배운다는 것은 사실은 이러한 위험으로부터 자신을 보호하기 위해 무장하는 것이라고 할 수 있다.

특히 가장 신경을 써야만 하는 장면은 상대방에게 말하기 거북한 것을 전달해야만 하는 때일 것이다.

무언가를 부탁해야 할 때, 무언가를 사과해야 할 때, 변명을 해서 오해를 사지 않도록 해야 할 때, 거절할 때, 누군가의 의견에 이의를 제기할 필요가 있을 때 등등 헤아릴 수 없는 장면을 상정할 수 있다. 또 상대방이 여러분에게 가장 거북한 인물인 경우, 특히 심한 긴장감을 갖게 될 것이다.

사람은 긴장을 강요당할수록 실패하는 동물이다.

이럴 때, 이런 사람에게는 이렇게 말을 해야 한다는 선입견이 강할수록 원활하게 표현할 수 없는 경우가 많다.

간신히 정중한 표현, 정형적인 문구를 기억하고 원만하게 그것을 전하려고 해도 상대에 따라 오히려 역효과를 초래하는 경우가 있다.

그럼 이런 상황을 극복하기 위해서는 어떻게 하면 좋을까?

첫 번째는 자신의 일만을 생각하지 않도록 해야 한다.

"아, 싫다. 이런 부탁을 하는 것은 나중에 큰 빚이 될 것 같아……."

"정말 싫은데, 저 사람에게 사과하는 건. 분명히 화를 낼 거고, 내가 비참해질 건 분명한데……."

"아, 싫어. 항상 거절만 하고, 어차피 차가운 사람이라고 생각할 게 틀림없어……."

"싫어, 반대를 하면 두고두고 나를 원망할 텐데……."

그러나 이런 생각을 하는 것은 여러분뿐이 아니다.

사실 누구나 익숙하지 않을 때에는 위와 똑같다.

이런 쓸데없는 생각 때문에 괴로워하기보다 말하기 어려운 것을 시원하게 전달하기 위해서는 차라리 상대방의 심리의 움직임을 잘 파악하는 것이 좋다.

인간심리의 가장 기본적인 작용을 확실하게 파악해두면 어떤 장면에서도 냉정하고 객관적으로 자기 자신을 성찰하고 대응할 수 있게 된다.

그것이 바로 인간의 '승인욕구'라는 마음의 작용이다.

사람은 누구나 자신이 인정을 받고 있다고 생각하고 있다. 다른 사람에게서 무시당하거나 반대를 당하는 것에 불안을 느끼고, 마침내 견딜 수 없어하는 마음의 메커니즘이 있다.

이 점에 주목하는 것이다. 사람은 누구나 똑같은 심리작용을 가지고 있기 때문이다.

PART2에서 본 것처럼 말하기 거북한 것을 전하는 표현에는 기본적으로 이 요소가 모두 포함되어 있다. 따라서 당당하게 자신감을 가지고 이런 말을, 몇 가지 패턴을 바꿔가면서 필요에 따라 몇 번이고 반복해서 사용하면 된다.

어차피 상대방도 인간이기에 반드시 똑같은 심리적 작용이 일어난다.

상대방은 여러분의 말 속에 담겨 있는 스스로의 '승인욕구'를 충족시켜 주는 요인에, 무의식중에 영향을 받기 때문이다.

"이렇게까지 나를 믿고 기대하고 있었나…… 어쩌지……."

"내 기분을 이렇게까지 신경을 쓰면서 거절하고 있구나……."

"내 화를 진정시키기 위해서 이렇게까지 괴로워하고 반성하는 마음을 표현하고 있구나……."

"내 입장을 존중하고, 내가 미처 생각하지 못한 것까지 신경을 써주고 있구나……."

정중하고 고상한 언어표현의 의미를 정확하게 이해하고 상대방의 마음에 있는 '승인욕구'의 표적을 향해서 계속해서 말의 화살을 날리면 반드시 상대방의 마음은 움직일 것이다.

말하는 법의 비결 ②

'공감' 을 표현하는 말을 삽입하자!

 앞에서 언급한 '승인욕구' 라고 하는, 인간이 가진 기본적인 작용을 평소의 대화에서 활용하면 상대방에게 좋은 인상을 전할 수가 있다.
 사람은 누구나 '입버릇' 을 가지고 있다. 그런데 여러분은 다음과 같은 입버릇을 가지고 있지 않은가?

 '아니 그것은……', '그렇지만', '그러나', '그래서', '그렇게 말하지만', '저기 있잖아', '대체로', '나도 알고 있다니까', '그러니까 ~란 말이지?', '잠깐 기다려봐', '그런 게 아니라', '그건 그렇지만', '절대 아니야', '알지도 못하면서', '무슨 말을 하는 거야' 등등.

이런 말들은 상대방이 말을 하고 있는 중간에 자신이 하고 싶다는 충동에 이끌려 무의식중에 말을 해서 상대방의 말을 중단시켜버리는 말들이다.

　당연히 상대방은 자신의 말에 긍정하기는커녕 부정당하는 것 같은 인상을 받아서 점점 좌절감이 쌓이게 된다. 여러분과 대화를 하는 것이 불안하고 여러분의 말에 점점 반대를 하고 싶어질 것이다.

　사람은 자신이 가진 '승인욕구'가 충족되지 않으면 이런 반응을 나타내게 된다.

　여러분이 만약 일상생활 속에서 이런 입버릇을 자신도 모르는 사이에 사용하고 있다면 어떻게 될까? 사람들은 점점 여러분에게서 멀어질 것이다.

　인간심리에는 자신을 인정하고 긍정해주는, 즉 자신을 좋아해주는 사람을 좋아하고 싫어하는 사람은 자신도 싫어하는 '반복성의 원리'라고 하는 단순한 메커니즘이 작용하고 있다. 따라서 조금이라도 자신을 좋아하게 만들기 위해서는 앞에서 말한 나쁜 입버릇을 봉인하는 길 외에는 방법이 없다.

　그리고 앞으로는 '하하하, ~그렇구나.', '와, ~그랬구나.', '확실히 ~군요.', '알았습니다.'라고 하는 맞장구로 상대방의 말을 받아들여야 한다.

  이런 말들은 상대방이 말하는 것에 일정한 '공감'을 표하는 것
이기 때문에 기분이 좋다. 게다가 '공감'을 표한 것일 뿐 상대방
의 의견에 동의한 것은 아니기 때문에 안심하고 사용할 수 있다.

PART 3

매너가 빛나는 화술

접대 · 위로 · 전화 · 회의 · 격려의 한마디

1 상대방의 마음을 감동시키는
스마트한 표현

★ 어서 오십시오. 잘 오셨습니다.

　손님을 환영할 때의 전형적인 관용구.

★ 먼 곳까지(바쁘신데) 왕림해주셔서 고맙습니다.

　눈이나 비 등이 내릴 때에는 "궂은 날씨에도……."와 같은
표현을 덧붙이기도 한다.

★ 어서 들어오십시오.

손님을 실내에 맞아들일 때의 표현. "오랫동안 기다리셨습
니다." 등과 함께 사용하면 좋다.

★ 오랜만이지만, 변함없으시군요.

오랜만에 재회했을 때 상대의 건강한 모습을 보고 기뻐하
는 말.

★ 이렇게 누추한 곳에 모셔서 죄송합니다.

어수선하고 치우지 못한 장소 등에 손님을 맞았을 때 사용하
는 말.

★ 편히 쉬시길 바랍니다.

"마음 편히 쉬시길 바랍니다." 등과 같은 관용적 표현.

★ 아무런 대접도 하지 못해서.

"대접이 변변치 못해서."와 같은 표현. 손님과 작별할 때 사

용하는 표현.

★ 언제든지 또 들러주십시오.

손님의 내방을 계속 바라는 환영의 마음을 전하는 표현.

★ 너무 오랫동안 폐를 끼쳐서.

예정을 넘겨서 오래 있었을 때 미안함을 나타내는 말. "실례
했습니다.", "죄송합니다." 등과 함께 사용하는 표현.

★ 저는 괜찮으니 신경 쓰지 마시고.

현관까지 배웅하려는 상대방에게 사양하는 마음을 표현하
는 말.

★ 즐거운 시간을 보냈습니다.

"오늘은 대단히 즐거웠습니다.", "오늘은 귀중한 시간을 내
주서서 감사합니다."와 같이 마음이 편했다는 것을 감상으로

써 표현할 수 있는 스마트한 표현.

★ 작은 마음의 표시입니다.

　 "작은 정성입니다."와 같이 선물을 건넬 때의 말.

★ 변변치 않지만 성의로 받아주시길 바랍니다.

　 변변치 않은 것으로 웃으면서 받아주기를 바란다는 선물을
건넬 때의 정형적인 표현.

★ 입에 맞을지 잘 모르겠지만.

　 한과나 음식 등을 선물로 가져갔을 때의 관용적 표현.

★ 작은 감사의 마음입니다.

　 평소 신세를 진 사람에게 작은 선물 등을 건넬 때의 표현.

★ 축하의 마음을 담은 .

　거래처 담당자의 개인적인 경사에 작은 기념품이나 상품권 등을 선물할 때 사용하면 좋은 표현.

★ 이렇게 과분한 선물을 .

　상대가 선물을 건넸을 때 받으면서 하는 말. "감사합니다." 라고 덧붙인다.

★ 이렇게 신경을 써주셔서 고맙습니다.

　선물을 받을 때의 말. 사양의 마음을 표하면서 "마음만으로도 감사합니다."라고 말한다. 마지막은 "그럼 감사히 받겠습니다."라고 마무리하는 것도 좋다.

★ 이렇게까지 하지 않으셔도 괜찮습니다.

　고가의 선물이나 물건 등 받을 만한 이유가 없을 때 거절하는 말. "이러실 필요 없습니다."의 정중한 표현. "이런 선물은 사양하겠습니다."라고 단호하게 사양하는 것도 좋다.

★ 지금 통화 가능하십니까?

전화를 걸었을 때, 용건을 말해도 되는지를 확인하는 말.

★ 죄송하지만, ○○라는 이름을 가진 분이 두 분 계십니다. 공사담당입니까, 아니면 영업 쪽입니까?

"두 분이 계십니다."만으로는 불친절하기 때문에 선택하기 쉽도록 정보를 제공하는 표현.

★ 죄송합니다. ○○ 씨는 지금 자리에 안 계신데, 곧 오실 것 같습니다.

"자리를 비웠습니다."만으로는 불친절하기 때문에 얼마 후에 돌아오는지 덧붙여서 말한다. 상대방의 태도에 따라서는 "괜찮으시면 돌아오시는 대로 전화를 드리라고 하겠습니다." 하고 말하면 좋다.

★ 전화를 주셔서 고맙지만.

걸려온 전화에 대해서 이쪽의 용건을 전달할 때의 표현.

★ ○○ 씨는 외근 중입니다만 급한 일이신가요?

"외근 중입니다."만으로는 불친절하니, 반드시 덧붙여야 할 표현. 급한 용건이라면 "바로 연락을 해서 전화를 드리도록 하겠습니다."라고 말한다.

★ 죄송하지만 다시 한 번 성함을 말씀해주실 수 있으신지요.

이름을 못 알아들었을 때 다른 사람에게 연결할 수도 없고, 용건을 남기는 경우에도, 정확함을 기하기 위해 묻는 관형구. "성함을 여쭤 봐도 되겠습니까?"도 괜찮다.

★ 죄송하지만, 전화가 너무 먼 듯하지만.

"목소리가 작아서 잘 들리지 않는다."는 상대방의 잘못을 책망하는 듯해서 실례이다.

★ 전화상으로 대단히 죄송하지만.

　원래 전화를 한 쪽까지 가야 할 용건(연락, 정정) 등을 급해서 전화로 전할 때의 표현.

★ 지금 급히 처리해야 할 중요한 일이 생겨서 죄송합니다.

　급하게 용건만을 전하고 전화를 끊어야만 할 때 상대방의 양해를 얻기 위해 쓰는 표현.

따뜻한 마음을 느끼게 하는 것이
사회인으로서의 현명함!

2
상대방을 높이는 말로
여러분의 매력을 어필한다!

상담 · 질문의 표현

★ 시간을 잠깐 내주실 수 있으신지요.

  의논할 것이 있다는 용건을 말하고, 상대의 상황을 묻는 말.
"부장님, 의논드릴 것이 있습니다. 사실은⋯⋯."처럼 갑자기
말을 꺼내는 것은 실례이다. 한 템포 쉬고 말하는 것이 정중한
행동.

★ 시간이 괜찮으실 때 말씀을 드릴 것이 있습니다.

  상담을 청하고자 할 때의 관용적 표현. 상담이라는 말을 사
용하지 않고도 "시간이 괜찮을 때."라고 말하는 것만으로 의

논할 것이 있다는 뜻을 전하는 표현. 완곡한 표현이 스마트.

★ 한번 들어보시면 좋을 것 같습니다만.

　상대방이 알아두길 바라는 일이 있다는 것을 전할 때의 표현. 또 어떻게 생각하는지 판단을 듣고 싶을 때의 표현.

★ 사실은 일신상의 일로 의논을 드릴 일이 있지만.

　개인적인 일로 상담을 하고 싶을 때의 표현. '개인적인 일' 보다 '일신상'이 좋다.

★ 지혜를 빌리고 싶은 일이 있지만.

　곤란한 일이 생겼을 때, 아이디어나 조언이 필요할 때의 표현.

★ 좀 걱정되는 일이 있지만.

　어떻게 하면 좋을지 모르는 일은 상대방에게 털어놓고, 대책을 의논하고 싶을 때 사용한다. "조금 머리 아픈 일이 생겼는

데요……."라고도 한다. 상대방에게도 마음의 준비를 하도록
하는 표현.

★ 제 능력으로는 어쩔 수 없는 문제가 생겨서.

　자신은 판단할 수 없는 일이 생겼을 때나 사태를 수습할 방
법이 떠오르지 않을 때에 상대방에게 문제해결의 지혜를 얻
거나 판단을 구하기 위해 자신을 낮추는 표현.

★ 급히 보고드릴 일이 있습니다.

　거래처 등에 빨리 의논해서 타개책을 세우고 싶을 때 사용하
는 표현.

★ 몇 가지 작은 일로 의논드릴 일이 있습니다.

　두세 가지 문제로, 그다지 큰 문제가 아닌 듯이 의논할 사항
을 꺼낼 때의 표현. "80%까지 원만히 해결되었는데, 나머지
20% 정도가……."도 같은 표현.

★ 큰 문제는 아니지만 좀 걱정되는 점이 몇 군데 있어서.

　대체로 순조롭게 진행되고 있지만 몇 가지 문제점에 대해서
의논하고 싶을 때의 표현.

★ 여쭤볼 것들이 있는데 시간을 내주실 수 있으신지요.

　질문이나 의논을 하고 싶을 때 사용하는 표현. 형식은 질문
이지만 내용은 의논을 하고 싶을 때.

★ 상관없는 일일지도 모르지만 여쭤보고 싶은 것이 있지만.

　앞의 이야기와 연관이 없는 일이 갑자기 생각나서 질문할 때
등에 사용한다.

★ 잠깐 여쭤보고 싶은 것이 있습니다.

　조금 걱정이 되는 점 등을 확인하고 싶을 때 사용하는 표현.

★ 어떻게 생각하시는지 여쭤보고 싶은 것이 있지만.

질문뿐 아니라 의논도 할 수 있는 표현. 주위에 의논이라는 생각이 들지 않도록 위장할 때에도 사용하기 편리한 표현. "조언을 듣고 싶지만."도 같은 표현.

★ 만일을 위해 다시 한 번 여쭤보고 싶은 것이 있습니다.

똑같은 일을 재차 확인하고 싶을 때 사용하는 표현.

★ 참고로 여쭤보는 것입니다만.

어디까지나 참고로 상대방의 의견, 생각 등을 확인하고 싶을 때의 표현.

★ 좀 생각해주시길 바랍니다.

솔직히 지도를 받고 싶을 때, 직접적으로 머리를 숙이고 부탁하는 표현.

★ ~하는 것으로 괜찮겠습니까?

상대방의 이야기가 두서가 없을 때, 자신이 잘 이해하기 어려울 때 확인하는 관용구. "죄송하지만, 그 말씀은 대체로 ~라는 것입니까?"라고, 상대방의 설명이 알기 어렵다는 뉘앙스가 포함되어 있으면 기분이 나빠질 수도 있으니 주의해서 사용하는 것이 좋은 표현.

회의에서의 표현

★ 모두 모였으니 조금 이르지만 시작하도록 하겠습니다.

전원이 모이지 않았어도 정해진 시각이 되면 "시간이 되었으니 시작하겠다."라고 선언하는 것이 의장의 역할. 또 시간이 조금 이르더라도 전원이 모였으면 바로 시작하는 것도 출석한 사람의 시간을 생각하면 당연한 룰이라고 할 수 있다.

★ 이 문제에 대해서 먼저 찬성하는 분들의 의견부터 들어보겠습니다.

"그럼 다음으로 반대 의견을 듣겠습니다." 하고 의장은 명확하게 의사 진행을 해야 한다. "~하고 싶지만."이라는 말을 연발하면 신뢰감을 주지 못한다.

★ 흥미로운 이야기입니다만, 그 사안은 차제에 논의하도록 하겠습니다.

"주제에서 벗어난 듯하다."라거나 "본론과 전혀 관계없는 이야기 같다."와 같이 의장의 사견으로 보일 수 있는 감상을 내비치면 당사자에게서 "관계 있다."라는 반발을 할 수 있으니 "흥미로운 이야기", "생각해볼 여지가 있는"과 같이 말하고서 의제를 본론으로 되돌리는 것이 좋다.

★ 의견이 다 나온 듯하니 이쯤에서 정리를 해주시길 바랍니다.

의견이 여러 갈래로 나뉘었을 때 공통안을 몇 가지로 선별한 후, 세 가지 정도로 정리하면 본격적인 의논을 할 수 있다.

★ 다른 분도 의견을 말씀해주십시오.

특정한 사람만 의논을 주도할 때에는 발언을 하지 않은 사람에게도 의견을 요구해야 한다. 그러면 다른 의견이 나오고 폭

넓은 시점에서 회의가 이루어진다. 또 "○○ 씨의 의견은 어떻습니까?"라고 물어보는 것도 좋다.

★ 결론은 다음으로 미루어도 괜찮겠습니까?

타협점을 발견하지 못하고 교착 상태에 머물러 있을 때, 의장이 이렇게 말하면 정리가 되기도 한다. "그건 곤란하다."는 인식이 참석자들 사이에 생겨서 회의가 진전될 수 있기 때문이다.

★ 오늘은 귀중한 여러 의견들을 들려주셔서 감사합니다.

참석자 전원의 협력에 고마움을 전함으로써 발언을 한 사람의 체면을 세우고 격론 끝의 감정을 해소하는 마무리 발언이라고 할 수 있다.

상대방을 존중하면 원활히 진행된다!

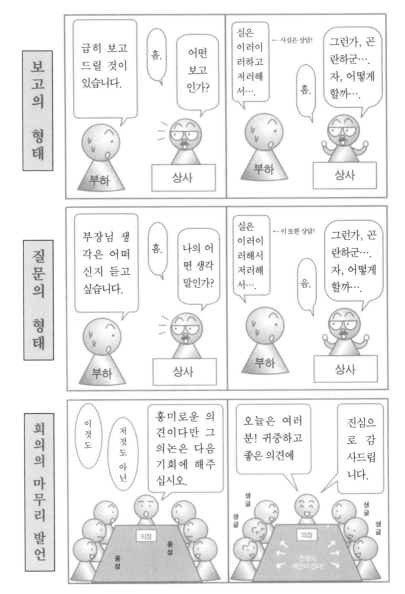

진정한 지성을 지닌 사람의 '배려 있는 말'의 마술!

위로의 표현

★ 이번에는 운이 없었을 뿐이야.

실패의 원인은 본인의 능력 등에서 기인하는 것이 아니라 어쩌다 타이밍이나 상황이 나빴다는 것으로, 모든 것을 운 탓으로 돌려서 상대방의 책임을 묻지 않는다. 의기소침하면 일상 업무에도 영향이 있기 때문에 상대방이 정신적인 충격에서 빨리 벗어날 수 있도록 이런 표현을 쓴다.

★ 나도 예전에 같은 실수를 했네.

"사실은 나도 여러분과 똑같았다."라고 자신의 실패를 들려

줘서 친근감을 느끼게 한다. "내 실패와 비교하면 이번 일은
아무것도 아니다."라고 위로하는 것도 좋다.

★좋은 경험을 했네.

실패를 통해서 인간은 성장한다는 뜻의 표현.

★젊었을 때는 많은 실패가 따르기 마련이네.

책임이나 지위가 높아지면 실패를 용서받기 어렵기 때문에
젊었을 때의 실패는 필요하다고 위로한다. 실패를 더 하더라
도 걱정하지 않아도 된다는 동류의식을 심어주는 표현.

★신중하고 확실한 자네도 실패를 할 때가 있군.

평소에 업무 능력을 높게 평가하고 있었기 때문에 한 번 정
도의 실패는 주위의 그 누구도 나쁘게 생각하지 않는다는 것
을 전하며 위로한다.

★ 실패는 성공의 어머니라고 하잖아.

　　실패로부터 많은 것을 배운다는 것을 강조하면서 위로하는
표현.

★ 최선을 다했네, 자네의 노력은 존중하네. 그런데도 안 된다
　면 어쩔 수 없지.

　　실패를 빨리 잊어버리고 기분전환을 하는데 효과 있는 말.
인생에서 포기할 때가 중요하다는 것을 강조하고, 들인 노력
에 박수를 보내는 위로의 표현.

★ 그 마음이 어떤지 잘 알고 있네.

　　불평을 들어주고 마음의 평정을 회복할 수 있도록 도와주는
위로의 표현.

★ 상대가 너무 강했어.

　　상대방이 훨씬 강해서 졌을 뿐이지 똑같은 환경과 조건이라
면 이길 수 있었다고 동조하면서 위로한다.

★ 그렇게까지 애쓰다니 대단하네. 나라면 벌써 포기했을 텐데.

　정신력에서는 따를 수 없다고 자신을 낮추며 상대를 높인다.
어떻게 그렇게 끈기 있게 노력할 수 있었는지 물어봄으로써,
상대방에게 긍정적인 사고를 갖도록 위로하는 표현.

★ 실패는 누구나 하기 마련이니 다시 시작하지.

　"앞만 보고 뒤를 돌아보지 말라."고 질책하고 실패로 괴로워
하는 마음에 종지부를 찍도록 위로하는 표현.

★ 천천히 쉬도록.

　실의에 빠진 사람에게는 위안의 말보다 조용히 쉬게 해주는
것이 중요하다. 시간의 흐름이 상처를 치유해주는 가장 좋은
약이기 때문이다.

친절(위로)의 말

★ 괜찮습니까?

상대방의 괴로운 상황에 신경을 써주는 위안의 말. 잠자코 보고 있지 않고 의문형으로 물어봄으로써 상대방의 대답도 기대할 수 있기 때문에 커뮤니케이션도 꾀하는 편리한 표현.

★ 아무쪼록 조심하길.

"조심하세요.", "건강하세요." 등과 마찬가지로 상대방의 무사나 안전을 신경 써주는 정형적인 표현.

★ 짐을 들어드릴까요.

상대방의 짐을 들어주려고 하는 배려의 표현.

★ 정말 큰일을 당하셨네요.

생각지도 못한 문제나 사고를 당한 사람을 위로하는 정형적인 표현. "여러 가지로 힘드시겠다.", "얼마나 마음고생이 심하셨나요." 처럼 공감하는 말과 같다.

★ 얼마나 상심이 크십니까.

　걱정거리가 있는 사람의 마음을 헤아려서 위로의 마음을 전하는 표현.

★ 많이 나아지셨나요.

　"무리하지 않으시길." 등과 마찬가지로 건강의 회복 정도를 염려하는 위로의 말.

칭찬의 말

★ 멋지다.

　'멋지다'라는 것은 대체로 훌륭하고 뛰어나다는 것. "멋지게 해냈군요." 등 다음에 여러 가지 말을 이어서 사용할 수 있는 멋지고 편리한 칭찬의 표현이다.

★ 훌륭하군요.

　"훌륭한 음식이군요." 등처럼 다음에 여러 가지 말을 연결해서 사용할 수 있다. "대단합니다." 등과 병행해서 잘 사용한다.

★ 과연.

'과연' 이란 역시 생각한 대로라는 말. 처음부터 뛰어나다고 인식하고 있었지만, 역시 대단하다고 재인식하고 긍정하는 칭찬의 말. "오늘은 예쁘군요."라고 하면 오늘만 예쁘다고 생각할 수 있지만, "항상 예쁘군요." 하고 말하면 아름다움을 재인식한 칭찬이 되는 것과 같은 효과가 있다.

★ 잘 어울리네요.

옷이나 물건만을 칭찬하는 것이 아니라 몸에 하고 있는 사람과 함께 칭찬하는 것이 중요하다.

★ 지당하십니다. 말씀하시는 그대로입니다.

상대방의 의견에 공감, 동조해서 상대방을 높이 사는 칭찬의 말.

★ 대단히 즐거웠습니다.

상대방이 한 행동이나 상황에 자신의 기분 좋음을 전달하는 칭찬의 말.

★ 감탄했습니다.

'감탄' 이란 감동해서 복종, 경복하는 것. 자신은 도저히 미치지 못한다는 칭찬의 표현.

진정한 지성을 지닌 사람의 '배려 있는 말' 의 마술!

말하는 방법은
4가지 유형으로 분류할 수 있다!

앞 장의 PART2 정리에서는 인간은 누구나가 가진 '승인욕구'
에 주목하는 것이, 말하기 거북한 것을 잘 전달할 때의 '핵심' 이
된다는 것을 소개했다. 다시 말해서 자신을 인정하고 긍정받는
것이 인간에게는 필요하다는 것이다.

자신을 인정해주는 상대가 좋아지거나 상대방에게도 호의적인
태도를 취하게 된다. 그러면 '반복성의 원리' 에서 서로 점점 호
의적인 인상이 깊어지고 좋은 커뮤니케이션으로 발전하고, 좋은
인간관계가 시작된다는 것이다.

상대방을 인정하고 승인하는 말이 내포되어 있기 때문에, 말하
기 어려운 것도, 이윽고 상대가 받아들이게 된다는 말이다.

PART3에서는 일상생활의 모든 장면에서의 양호한 인간관계를
형성하기 위한 '말하는 법' 에 대해서 예제를 살펴보았다.

즉 사회인으로서의 매너를 살펴보고, 여러분의 존재를 보다 진심에서 우러나는 매력을 가진 것으로 만들기 위한 표현들을 알아보았다.

여기에서 특히 말하고 싶은 것은 앞에서 말한 상대방의 '승인욕구'를 충족시키기 위한 4가지의 유형이 있다는 것이다.

4가지 유형이란 무엇일까?

'영합'

'공감·동조'

'배려'

'겸손'

이 요소들이 얼마나 많은 말 속에 들어 있는가 어떤가에 따라 진심 어린 인상이 크게 달라진다는 것이다.

'영합'이라는 것은 이쪽에서 적극적으로 상대방에게 맞춰주는 것으로 상대방의 자존심을 높여주며, '환영·접대의 말' 중에 "잘 오셨습니다." 등이 그 대표적인 예이다.

'공감·동조'는 상대방의 의견이나 생각에 공감이나 동조를 표시하는 것으로, 상대방의 자기 긍정심을 한층 높여준다. '위로의 말' 중에서 "그 기분 어떤지 잘 알아." 등이 그 대표적인 예이다.

'배려'는 '친절(위안)의 말' 중 "괜찮습니까?", '겸손'은 '선물이 오고갈 때 말' 중의 "작은 것이지만 마음의 표시입니다." 등이

해당된다.

이 4가지 유형으로 명확하게 분류할 수 있는 요소가 말 속에 강하게 들어 있을수록 상대방의 '승인욕구'는 충족되기 쉽고, 여러분의 인상이 부드러워지고, 진심 어린 표현이 된다.

한편 비즈니스 현장에서의 말에는 관습이나 매너에 충실하게 따라야 한다.

합리적이고 정확한 말이 분명히 들어 있어야 예의 바름이 전달되고 깊은 인상을 줄 수가 있다.

물론 이 예의범절을 지키는 자세, 그 자체가 결과적으로 앞에서 말한 상대방의 '승인욕구'를 충족시키기 위한 4가지 유형에 부합된다는 것은 말할 필요가 없다.

이렇게 생각한다면 여러분이 일상생활에서 예의 바르고, 진실한 존재로서 인정받기 위해서는 이 4가지 유형에 정통하고, 상대방의 '승인욕구'에 여러 각도에서 접근할 필요성을 이해할 수 있을 것이다.

앞으로는 여러분이 비즈니스 현장에서 '말하는 방식'을 결정할 때에 마음 한쪽에서, 지금은 '영합', 이건 '배려'라고 유형을 분류해보면 재미있을 것이다.

그것은 상대방에 따라 4가지 유형으로 접근할 때의 반응이나 효과가 각각 미묘하게, 또는 상당히 달라지기 때문이다.

‘영합’을 시끄럽게 생각하는 유형도 있고, ‘배려’에 유달리 큰 반응을 표하는 사람도 있기 때문이다.

이 사람은 ‘공감·동조’와 ‘겸손’이 가장 효과적이라는 것을 깨달았다면 ‘영합’인 ‘배려’의 유형은 피하는 것이 무난하다는 것을 저절로 알게 된다.

이런 분류 유형으로 말(표현)을 성찰해보는 노력도 ‘말하는 방식’의 조기발전을 위해서 좋은 ‘놀이(유희)’라고 말할 수 있다.

말하는 법의 비결 ③

'아부형 인간' 이라는 말을 듣지 않기 위해서는?

논어에 '교언영색(巧言令色) 선의인(鮮矣仁)' 이라는 말이 있다.

말을 교묘하게 하고 얼굴빛을 좋게 꾸미려고 하는 사람 가운데 어진 사람은 드물다라는 뜻이다. 공자가 말하는 인(仁)이란 '모든 덕을 통합하는 주덕, 박애' 이자 자비롭게 여기는 마음, 즉 배려라고 하는 덕성을 나타낸다. 다시 말하면 진심이 없는 경박한 사람, 말만 앞세우는 차가운 사람은 안 된다고 말하고 있는 것이다.

여러분의 주위를 둘러보면, 이런 느낌을 주는 사람이 반드시 몇 명인가 있을 것이다.

"또 아첨꾼 과장이, 점심시간에 부장에게 가서 부장의 골프 스윙 포즈를 칭찬했어. 정말 눈뜨고 못 볼 지경이었어. 그런데 부장도 어지간하지, 아첨꾼 과장의 말에 기고만장해져서, 그저 좋아서 어쩔 줄 모르더라니까……."

직장에서 이런 일은 너무 흔해빠진 일일 것이다. 이것은 심리학자의 실험에서도 증명된 것으로, 사람은 칭찬을 받으면 단순히 기뻐하는 생물이기 때문에 어쩔 수 없는 광경이다.

여러분도 경험이 있을 것이다. 상대방이 조금만 아부나 칭찬의 말을 해주면 알고 있지만 자신도 모르게 얼굴에 웃음기가 생기는 경우가 있었을 것이다. 그러나 주위 사람들의 귀에까지 그 내용이 들린다면, 누가나 그 꼴불견인 태도에 혐오감을 가질 수도 있다. 그렇게까지 해서 자신을 어필하고 싶을까 하고 말이다.

이미 말한 대로 상대방의 '승인욕구'에 접근하기 위한 말의 요소에는 4가지 유형이 있다. '영합', '공감 · 동조', '배려', '겸손' 4가지이다.

특히 이 중에 '영합', '겸손', 이 두 가지가 다른 사람의 귀에는 아부로 들리기 쉽다는 것을 기억해두길 바란다.

"부장님, 정말 대단하신데요.", "멋진 아이디어네요.", "항상 아름다우십니다." 등의 '영합'의 유형. "이야, 깜짝 놀랐습니다.", "저는 생각지도 못한 아이디언데요.", "그저 놀라울 따름입니다." 등의 '겸손'의 유형.

주위에 귀가 있을 때에는 '영합'이나 '겸손'을 자제하고 '공감 · 동조', '배려'의 유형을 사용하는 것이 무난할 것이다.

PART 4

기억해두면 도움이 되는
순간의 관형어

파티 · 연회 · 병문안 · 문상 · 이사 · 퇴직할 때의 한마디

1 좋은 인상을 남기는 '사교'의 표현!

인사 · 사교의 말

★ 좋은 날씨입니다.

맑게 갠 상쾌함을 느꼈을 때 사용하는 말. 관용적인 인사의
결정판이라고 할 수 있다.

★ 꽤 따뜻해졌습니다.

"상당히 무덥군요.", "아직 쌀쌀하군요.", "드디어 시원해졌
군요." 등처럼 기온의 변화와 더불어 덧붙이는 인사의 표현.

★ 생활하기 좋은 날씨입니다.

　한여름이 지나고 가을을 느낄 수 있게 되면 사용한다. "날씨
가 좋아졌군요."도 좋다. "완전히 봄이네요.", "이젠 겨울이네
요." 등처럼 사계절을 이용한 말로 표현하는 것과 똑같다. 딱히
말할 내용이 없어도 단지 이 말만을 건네면 서로의 기분이 부
드러워진다. 상대방도 "정말 그러네요." 하고 대답하면 된다.

★ 날씨가 우중충하네요.

　구름이 낀 하늘로, 비가 내릴 것 같을 때 사용하는 말. "왠지
꾸물꾸물한 날씨네요."도 마찬가지이다.

★ 비가 올 것 같네요.

　당장이라도 비가 내릴 듯할 때 사용하는 말. "한바탕 비가 내
릴 것 같네요."도 같은 표현.

★ 한바탕 비가 왔으면 좋겠네요.

　비가 내리지 않고 뜨거운 햇볕이 내리쬐는 건조한 날씨가 계

속될 때 사용하는 말.

★ 변덕스러운 날씨군요.

여행이나 행사가 있는 날, 비가 올 때 사용하는 말. 구름 낀 하늘일 때나 일기예보에서 비가 올 것이 확실할 때에도 사용하는 말.

★ 계절이 빠르군요.

계절의 빠른 순환을 느꼈을 때의 말. 일 년이 후반을 지나고 나서 "벌써 가을이네요.", "벌써 11월이군요.", "벌써 12월이네요." 등의 말에 덧붙여서 사용하면 좋다.

★ 연말연시가 다가왔군요.

연말연시가 지척에 다가왔을 때 사용하는 말.

★ 올 한 해도 다 갔군요.

일 년이 흐르는 것은 빠르다는 감상을 담아서 연말에 사용하는 말.

★ 어디 가십니까?
동네 사람 등과 맞부딪쳤을 때 말을 거는 표현. "예, 잠깐 어디에……."라고 대답한다.

★ 건강해보이십니다.
오래간만에 만난 사람에게 건네는 말. "오랫동안 못 뵈었습니다."와 이어서 사용하면 좋다.

★ 별일 없으시지요?
오랜만에 만나 사람에게 건네는 말. 가볍게 근황을 물을 때 등에 사용한다.

★ 오랜만입니다.

오랜만에 만난 사람에게 건네는 말. "오랜만에 뵙겠습니다."
는 정중한 표현.

★ 언제 뵈어도 열심히 하시는군요.
　　건강하게 활동하는 사람을 칭찬하는 말. "변함없으시군요."
만으로는 상대방을 야유하는 뉘앙스를 줄 수도 있으니 긍정
적인 마무리 말이 어울린다.

★ 소식은 듣고 있었습니다.
　　사람들을 통해서 상대방의 근황을 듣고 있었을 때 사용하는
표현.

★ 앞으로도 많이 가르쳐주십시오.
　　이전에 이야기를 나눈 적이 있는 사람을 우연히 만났을 때,
인사 후에 덧붙이면 좋은 표현. "또 여러 가지 즐거운 이야기
를 들려주십시오."라고도 한다.

★ 그때에는 대단히 신세를 졌습니다.

　이전에 사고를 당한 사람 등에게 하는 정형적인 관용구. "그때에는 대단히 고마웠습니다."라고 말하는 것과 마찬가지이다.

★ 그럼 가까운 시일 안에.

　"들러주십시오.", "한잔 하죠.", "연락을 드리겠습니다." 등의 표현으로 연결한다.

★ 조만간 인사를 드려야겠다고 생각했습니다.

　신세 진 사람을 우연히 만났을 때 하는 표현.

★ 정말 뜻밖입니다.

　"이런 장소에서 뵙게 되다니.", "이렇게 뵙게 될 줄은 몰랐습니다." 우연한 만남이나 인연을 느꼈을 때 감탄한 듯이 말하는 표현.

★ 그런 줄도 모르고 정말 실례했습니다.

　이쪽이 알고 있어야만 했던 일 등에 대한 무지를 사죄하는 말.

★ 덕분에 잘되고 있습니다.

　그럭저럭 일이나 장사를 계속하고 있다고 겸손하게 말하는
표현.

★ 이것을 인연으로 잘 부탁드리겠습니다.

　인사 등에 연결해서 사용하면 좋은 말.

★ 죄송하지만 다시 한 번 성함을 말씀해주십시오.

　상대방의 이름을 잘 알아듣지 못했을 때에 다시 한 번 말해
주기를 청하는 표현.

★ 죄송합니다. 이 글자는 어떻게 읽어야 할지요.

　명함을 받고 한자를 모를 때 묻는 표현. 멋대로 잘못 읽다가

실수를 범할 수 있으니 상대방에게 바로 물어보는 것이 예의이다. "특이한 한자인데 어떻게 읽으면." 혹은 "어려운 한자네요. 처음 봤습니다."라고 말하는 것은 논외. 상대방은 마음속으로 "이상하고 어려워서 미안하다."라고 생각할 수도 있으니 첫 대면부터 나쁜 인상을 줄 수가 있다. 이쪽이 무지하고 읽지 못해서 죄송하다는 사과의 마음으로 물어보는 것이 좋다.

2 잘 모르는 사람에게
자신의 '교양'을 전할 수 있는 표현

파티나 연회에서의 표현

★ 오늘 초대해 주셔서 감사합니다.

　파티 등에서 주최 측에게 하는 정형적인 인사말

★ 오늘 파티가 성황리에 열리게 돼서 축하드립니다.

　파티 등에서 주최 측에게 하는 축하의 말.

★ 아주 화려한 파티군요.

　파티에서 옆에 있는 사람 등에게 말을 걸 때의 표현. "요리가 맛있어 보이는군요.", "멋진 연주군요.", "음악이 너무 좋군요." 등 파티와 관련된 화젯거리를 만드는 표현.

★ 사업이 점점 번성하는 듯하군요.

상대방의 일이나 사업 얘기를 듣고 축하해 주는 표현.

★ 뵙게 돼서 영광입니다.

처음 만나는 사람에게 하는 말. 만나고 싶었다는 마음을 담아서 말하는 것이 중요하다.

★ 아무쪼록 잘 부탁드리겠습니다.

자기소개를 끝낸 후에 하는 말. 자신만을 잘 부탁한다는 것보다 거래상의 관계를 포함해서 모든 것을 잘 부탁한다는 의미가 담긴 말.

★ 인사가 늦었습니다, 저는 OOO라고 합니다.

파티 등에서 이야기가 활기를 띠는 도중에 자기소개를 하는
정형적인 표현.

★ 꼭 한번 인사를 드리고 싶었습니다.

업계 회합 등에서 동업자나 거래처 관계자 등 이제까지 직접
만나서 이야기를 나눈 적이 없는 사람에게 인사할 때의 표현.
이전부터 인사를 드리고 싶었다는 뉘앙스를 담아서 경의를
표한다.

★ 일전에는 제대로 인사도 드리지 못해서 실례했습니다.

과거에 한 번, 정식으로 인사를 할 기회를 놓친 사람과 파티
에서 다시 만나서, 이쪽에서 말을 걸 때의 표현. 이전에 인사
를 할 기회를 놓친 것에 대해 사과하는 마음을 담아서 말하는
것이 중요.

★ 이런 자리에서 뵙게 되다니 큰 영광입니다.

파티나 연회에서 옆에 앉게 된 사람 등에게 자기소개를 한

후 하면 좋은 말. 이런 자리에서 알게 돼서 좋았다는 기쁨을
나타낸다.

★ 소개가 늦어서 죄송하지만.

파티나 연회가 고조되는 중에, 간단하게 옆 사람 등에게 자
기소개를 해야만 할 때에, 인사를 하지 못한 것에 대해 사과를
표하는 표현.

★ 오늘은 공교롭게도 종일 비가 내려서.

파티 등에서 잘 모르는 사람에게 말을 걸 때의 표현. 기후,
취미, 뉴스, 여행, 지인, 가족, 건강, 사업, 옷, 음식, 주거 등을
화제로 하면 좋다. 물론 잘 모르는 상대방에게 정치나 종교,
자산이나 수입 등의 화제는 금물.

★ 이런 자리에 어울리는 이야기는 아닌 듯해서 죄송합니다만.

파티 등에서 알고 있는 업자와 간단한 토론을 하게 됐을 때,
장소에 어울리지 않는 이야기를 꺼내서 죄송하다는 사과의

마음을 전하는 표현. '어울리지 않는 이야기' = '사업상의 이야기' 로 대체해도 좋다. 실제로 사업상의 이야기를 나누는 자리가 될 때도 있다.

★ 제가 따라드리겠습니다.

상대방의 잔에 맥주 등을 따를 때 하는 말. 받는 쪽은 "감사합니다." 라고 말하고 잔에 손을 대는 것이 예의.

★ 저는 그만 괜찮습니다.

잔에 술을 따라주려고 할 때 거절하는 표현. 또는 술을 받은 후 더 이상은 괜찮다라는 의미로 사용한다.

★ 술을 잘 드시는 편이시군요.

술을 권할 때 상대방이 술을 잘 마시는 것처럼 보인다는 인상을 전하는 표현. 또는 술을 따른 후에 말하는 것도 좋다.

★ 술이 약한 편이어서.

　술을 잘 못 마신다는 것을 상대방에 전하는 말. 술을 거절할 때 "못 마십니다."라고 말하면 나쁜 인상을 줄 수 있으니 이렇게 말한다. 즉 체질적으로 술에 약하다는 의미.

★ 조금 즐기는 정도입니다.

　"술이 세신 것 같다."라는 말을 들었을 때, "예, 술고래입니다.", "예, 잘 마십니다."라고 솔직히 말하는 것은 좋지 않다. 어느 정도는 마신다는 것을 암시하는 말이 적당하다. 적어도 술을 전혀 마시지 못하는 사람이 아니라는 것을 말한다.

★ 자리를 옮겨서 한잔 더 어떻습니까?

　술을 더 마시게 해서 속내를 듣고 싶을 때 이런 말로 유도한다.

★ 내일 아침 일찍 회의가 있어서.

　더 이상 술을 거절할 때의 표현. 진위와는 관계없이 이렇게 말한다.

★ 아쉽지만 다음을 기약해야겠습니다.

술을 사양할 때 표현. 상대방이 술에 취해서 무리하게 권할 때에는 "죄송합니다. 여기까지가 한계입니다."라고 말하고 자리를 일어선다.

★ 오늘은 제가 먼저 뵙자고 했으니.

자신이 계산을 한다는 것을 전하는 표현

★ 제 마음만이라도.

상대방이 계산을 하려고 할 때, '그러면 자신이 미안하다.' 라는 마음을 담아서 조금이라도 부담할 수 있도록 전하는 표현.

★ 오늘은 제 얼굴을 세워주십시오.

상대방이 마련한 술자리라도 상대방의 계산도 자신이 한다고 하는 장면에서 사용하는 말.

★ 오늘은 맛있게 잘 먹었습니다.

"고맙습니다.", "다음엔 제가 내겠습니다."라는 말과 함께 사용하는 표현.

모르는 사람에게도 '교양'이 전달되는 파티·연회에서의 표현

3

'진심'이 담긴 정형적인 표현

★ 늘 신세만 지고 있습니다.

거래처 등에 평소 감사하고 있다는 마음을 전하는 정형적인

인사말.

★ 뼛속 깊이 감사드립니다.

성가신 일을 의뢰한 일 등에 대해 감사하는 표현.

★ 수고를 끼쳤습니다.

"폐를 끼쳤습니다.", "번거롭게 했습니다." 등과 마찬가지로 어떤 의뢰한 일에 대한 감사를 나타낸다. "죄송했었습니다.", "고마웠습니다."와 같이 사용한다.

★ 항상 신경을 써주셔서 감사하게 생각하고 있습니다.
　평소의 친절 등에 정중하게 예를 표할 때의 표현. "정말로 고마웠습니다." 등과 함께 사용한다.

★ 과분한 배려에 감사드립니다.
　자신에게 맞지 않을 정도로 고맙게 대해 준 것에 대한 감사의 말.

★ 어떻게 감사의 말을 드려야 할지 모르겠습니다.
　말을 할 수 없을 정도로 고마워하고 있다는 의미로 "어떻게 사과의 말씀을 드려야 할지 모르겠습니다."와 같은 용법.

★ 여러 모로 호의에 진심으로 감사드립니다.

　과분한 호의에 대해 감사를 표하는 표현.

★ 여러분의 친절함에 몸 둘 바를 모르겠습니다.

　많은 사람들에게서 받은 격려나 친절에 대한 감사의 표현.

★ 소중하게 간직하고 있습니다.

　받은 물건을 아주 긴요하고 소중하게 사용하고 있다는 감사
의 표현.

★ 이렇게 진귀한 것을, 고맙습니다.

　귀한 선물 등을 받았을 때 하는 표현. '귀중한 것', '소중한
것'도 좋다.

병문안의 표현

★ 몸은 좀 어떻습니까?

　병문안을 갔을 때에 쓰는 정형적인 표현.

★ 안색이 좋아 보이는 듯해서 안심했습니다.

　표정이나 안색이 건강했을 때와 변함이 없다고 말을 함으로
써 격려해 주는 표현.

★ 이제 그만 안정을 취하는 게 좋을 듯하니 이쯤에서 실례하겠
습니다.

　너무 오래 있으면 상대방도 피곤해지기 마련이다. 병문안을
끝내야 할 때의 표현.

★ 아무쪼록 몸조심하시길 바랍니다.

　"몸조리 잘하십시오.", "부디 쾌차하시길." 등과 같은 병문
안 표현.

★ 결혼을 진심으로 축하드립니다.

　결혼 축하의 정형적인 표현. 부부가 된 것을 진심으로 축하한다는 마음을 표현한다. "진심으로 결혼을 축하드립니다.", "부모님께서도 얼마나 기쁘겠습니까." 등과 함께 사용하면 좋다. "두 사람의 행복한 결혼 생활을 빌겠습니다."라고 말하는 것도 좋다.

★ 상사에 얼마나 애통하십니까.

　문상이나 장례식 때의 정형적인 표현. "상사에 어떻게 말씀 여쭐지 모르겠습니다."도 같은 표현.

★ 삼가 고인의 명복을 빕니다.

　'명복'이란 사후의 행복을 말한다. 장례식 때 쓰는 정형적인 표현.

전근 · 이사 · 퇴직의 표현

★ 그동안 신세를 많이 졌습니다. 고마웠습니다.

　이별할 때의 전형적인 인사. 여기에 "잊지 않겠습니다." 등을 덧붙인다. 배웅하는 쪽은 "너무 아쉽습니다.", "새로운 곳에서도 힘을 내십시오.", "앞으로 좋은 일이 많이 생기길 바랍니다."라고 말을 한다.

★ 이렇게 떠나시니 섭섭한 마음뿐입니다.

　이별의 슬픔을 나타내는 말.

★ 아주 좋은 곳인 듯하군요.

　전근해 가는 곳이나 이사하는 곳을 칭찬해서 기분을 새롭게 하고 힘을 내기를 당부하는 표현. "살기에 아주 좋은 곳이라고 하더군요.", "날씨도 따뜻하고 좋을 듯합니다." 등이라고도 말한다.

★ 자네라면 어떤 시련이라도 극복할 수 있을 걸세. 힘을 내게.

　상사가 부하에게 보내는 전별의 표현. 짧은 말에 뜨거운 기대가 담겨 있다.

★ 그동안 여러분 덕분에 큰일 없이 무사히 정년을 맞이할 수 있게 됐습니다.

　정년까지 무사히 근무할 수 있었던 것도 여러분의 덕분이라는 겸양의 표현.

★ ○○○ 씨의 부재는 우리에게 큰 손실입니다.

　"그러나 ○○○ 씨는 새로운 곳에서 큰 역할을 하리라 생각합니다. 기쁜 마음으로 보내드립니다. 부디 행복하세요."라는 식으로 전근자나 결혼퇴직자를 배웅한다.

★ 오랜 세월 회사의 발전을 위해 노력해주셔서 진심으로 감사드립니다.

　정년퇴직자뿐 아니라 오랫동안 근무한 사람의 노고를 위로하며 떠나보낼 때의 표현.

★ 여러분, 이 은혜는 평생 잊지 않겠습니다.

　헤어질 때 '평생', '절대로' 등과 같은 말을 사용해서 한층 강한 감사의 마음을 전달한다.

'진심'이 담긴 정형의 표현

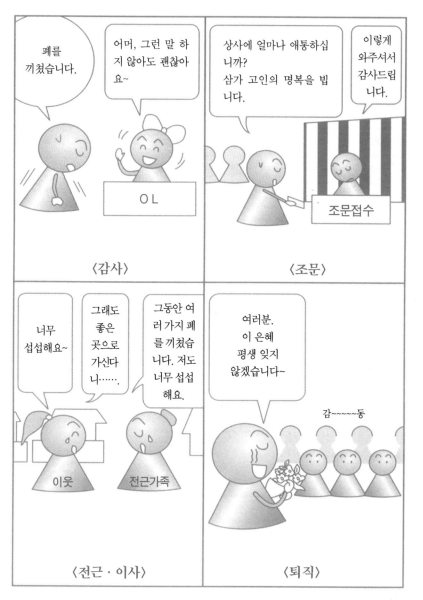

4 인사는 '필승!', '망설임'은 최대의 적이다!

어느 시대이건 연장자가 젊은이들에 대해 하는 말은 비슷비슷
하다.

"요즘 젊은이들은 예의범절이 없다."

"도대체 요즘 젊은이들은 인사 하나 제대로 하지 못한다니까."

한결같이 입을 열면 하는 말이다.

자신들이 젊었을 때 연장자로부터 어떤 식으로 혹평을 받았는
지는 깨끗이 잊어버리고 현재의 젊은이들 모두를 지적한다. 왜
젊은이들만 이런 말을 듣게 되는 것일까?

또 아저씨와 아줌마들은 왜 나이를 먹으면 젊은이들에게 불만
을 토로하게 되는 것일까? 답은 간단하다.

젊은이는 인생 경험이 부족하기 때문에 인사나 예의범절에 익
숙하지 않을 뿐이고, 아저씨 아줌마들의 연장자는 내, 외적인 감

정 때문에 자신들을 더 공경해주길 바라고 있는 것뿐이다.

실제로는 예의 바른 젊은이도 많이 있으며, 중장년 중에서도 전혀 예의가 없는 사람들도 많음에도 불구하고 아저씨, 아줌마들은 지나친 청춘에 미련을 버리지 못하고 활기차고 건강한 젊은이들을 보고 질투를 하고 있는 것일 뿐이라고 말할 수 있다.

그렇다면 인식의 틀을 바꾸는 것이 필요하다.

말하는 법을 모르고 예의범절을 모른다고 혹평하는 것에 대해서 '어쩔 수 없잖아, 그런 건 학교에서 가르쳐 주지 않으니.' 하고 체념하는 것보다, "요즘 젊은 사람치곤 드물게 예의범절에 밝은 사람."이라고 너그럽게 보아 넘기면 좋지 않을까.

주위의 이미지로부터 탈피하면 다른 세상이 보이다.

절호의 기회가 눈앞에 굴러다닌다고 할 수 있다.

여러분 중에 이런 사람은 없는가?

아침, 졸린 눈을 비비면서 출근전철에 시달리다 지쳐서 회사에 도착한다.

눈을 내리깔고 황급히 사람들 사이를 적당히 통과해서 자신의 책상에 앉는 것만을 생각하는 사람 말이다.

너무 안타까울 따름이다.

명랑하게 인사말을 건네고 사람들의 기분을 좋아지게 하려고 하는 마음이 있으면 여러분의 인생은 달라질 텐데 말이다…….

인사는 가장 기본이 되는 '인지행동'이다.

인간의 '승인욕구'를 충족시켜주는데 최강의 무기라고 할 수 있다.

누구라도 인사를 했는데 무시하면 기분이 나쁠 것이다.

누구라도 상대방이 먼저 인사를 하면 기쁘다.

밝고 활기찬 목소리로 "안녕하세요." 하는 자체만으로도 좋다.

아침에 집을 나와서 회사의 자신의 자리에 앉기까지 가볍게 20~30번이라도 "안녕하세요."를 반복하는 것만으로 뇌는 활성화 되고 이미지도 좋아지고 나아가서는 출세에도 연관된다.

허투루 하는 소리가 아니다.

어느 회사라도 '저 사람은, 안녕하세요=출세'라고 평가받는 사람이 많다.

직장인의 출세의 최대조건인 '상사가 좋아하는 것'이라는 명제에 가장 충실했기 때문에 그런 평가를 받는 것이다.

인사를 하는 것이 어렵다고 하는 사람이 많다. 왠지 어색해한다. 무엇보다 무시당하면 이쪽도 기분이 나쁘다. 가볍고 작은 목소리로 눈인사하는 정도로 끝내고 싶다.

이런 '망설임'은 아무 소용이 없다.

인사는 '필수'이다.

밝고 활기찬 목소리로 하면 반드시 인사는 되돌아온다.

인사를 해도 반응이 없는 사람은 성격이 비뚤어진 것이다. 그런 사람을 발견하면 인사에 대해 반응을 하도록 만드는 것을 새로운 목표로 삼으면 좋다. 그만큼 즐거움도 늘어날 것이다.

PART4에서는 모든 장면에서의 '인사 표현' 을 다루고 있다.

이런 정형 표현을 다른 사람보다 얼마나 많이 사용하고 있는가에 따라서 여러분의 인생의 명암이 좌우된다고 해도 과언이 아니다.

오늘 하루를 뒤돌아보며 인사가 너무 부족했다는 사실을 느낀다면 다행이다.

말하는 법의 비결 ④

말에 설득력을 갖기 위한 습관술!

 인사는 밝고 활기차게 하는 것이 좋다는 것은 누구나 알고 있다. 그러나 실제로는 왠지 망설여지면서 목소리가 작아지거나 분명하지 않은 태도로 하는 사람이 많다.

 왜 그럴까?

 자신에게 자신이 없기 때문이다.

 긴장해서 말을 잘 못 할 수도 있다, 반응을 보이지 않아서, 자신이 부정당하는 것도 싫고……. 심층심리에는 이런 마이너스 사고가 소용돌이 치고 있다.

 자신의 가치를 과소평가하고 있는 점에도 문제가 있다.

 그래서 거기서 한 발 내딛지 못하는 사람이 많다. 이래서는 아무 소용이 없다.

 '자신감' 은 저절로 생기는 것이라는 것을 알지 못하는 것이다.

심리학 실험에서는 목소리가 작은 사람은 신용받지 못한다. 자신이 없는 사람이라고 판명되는 순간, 그 사람이 말하는 것은 신빙성이 떨어진다.

한편 너무 큰 목소리는 압박감을 느끼게 하고 위압감을 느끼게 해서 반발을 살 수 있으며, 그 사람의 이야기가 신용받지 못한다는 결과도 있다.

적당히 큰 목소리로 쾌활하고 템포가 있는 목소리야말로 신뢰도를 높여준다.

그래서 처음에 하는 인사말은 조금 큰 편이 효과적이다.

많은 사람들 앞에서 말을 할 때를 생각해 보라. 누구라도 정도의 차는 있지만, 긴장감이 따른다. 그러나 어느 순간, 조금 큰 목소리로 인사말을 하는 것만으로도 신기하게도 긴장감은 완화된다.

용기를 내서 당당하게 조금 큰 목소리를 내는 것만으로 청중 모두를 집어삼킨 것처럼 평정심을 되찾을 수 있으니 흥미롭기까지 하다.

아침 인사도 이와 똑같이 작용한다. 조금 큰 목소리로 인사를 하는 것만으로 상대방의 반응도 이쪽으로 쏠리고, 조금 큰 목소리로 되돌아오게 된다.

조금 큰 목소리로 밝고 활기찬 인사를 하는 것만으로도 시야가

넓어진다.

　매일 아침 이렇게 반복하면 여러분은 자신에게 자신감을 가지게 된다.

　일상의 대화도 마찬가지이다. 저절로 설득력을 지니게 된다.

PART 5

숫자의 마력을 사용한
현명한 화술 비결

심리 트릭을 사용한 숫자 마술

1 비즈니스 현장에서
주목을 끄는 숫자 표현

★ 오후 회의는 12시 55분부터 시작하니 잘 부탁드리겠습니다.

오전 중에 회의를 끝내고 "이젠 점심시간이군."이라고 생각할 때 의장이 바로 이렇게 오후 회의 시간을 선언하면 어떨까?

회의에 참석한 사람들 대부분은 이렇게 생각할 것이다.

'뭐? 오후 1시 시작이 아니야? 12시 55분이라고? 1시보다 5분 전에 시작한다고? 어딘지 어중간한 시간 아니야? 1시면 1시지 대체 무슨 생각이야…….'

모두의 마음에 12시 55분이라는 생뚱맞은 숫자가 각인될 것이 틀림없다. 그러면 어떻게 될까? 회의 시작 시간인 12시 55분보다도 5분 빠른 12시 50분에 모두 자리에 앉아서 회의의 시작을 기다리는 현상이 일어날 것이다.

회사에 따라서는 오후 회의 시작 시간이 됐는데도 전원이 모이지 않는 태도에 애를 먹는 곳도 있을 것이다. 본래 업무에 쫓겨서 '회의'에 아무렇지 않게 지각하는 사람들도 있다. 그런 '한심한 태도'를 확실하게 고치기 위해서라도 이 숫자 마술을 유용하게 사용할 수 있다. 시간에 느슨한 사람과 약속을 정할 때에도 정시보다 5분이나 7분 전이라는 어중간한 숫자를 제시해보라. 신기하게도 지각은 줄어들고 기다리는 확률도 줄어들 것이다.

★ 문제가 3개 있다. 먼저 첫 번째로~

3이라는 숫자는 사람들의 마음에 기억되기 쉬운 숫자이다. 묘하게도 안정감이 있다. 문제가 2개 정도밖에 생각나지 않아도 이처럼 세 개 있다고 지적한다. 첫 번째와 두 번째를 설명하는 사이에 떠오른 것이 있으면 그것을 세 번째 예로 들면 좋고, 생각나지 않는다면 "세 번째 문제는 첫 번째와 두 번째를 종합해서 생각했을 때 가격 면을 어떻게 처리할 것인가가 문제가 된다."라고 첫 번째와 두 번째를 종합해서 본 경우의 가격, 위험, 시간 등 갑자기 다른 성격의 개념을 제시해서 조리에 맞게 설명하면 된다. 그러면 일목요연한 의견처럼 들리고 여러분의 의견도 설득력을 지니게 된다.

★ 이 기획안은 17가지 원리원칙으로 세워져 있다.

상대방에게 놀라움을 주고 싶을 때, 주목을 끌기 위한 최적의 숫자가 있다는 것을 알고 있는가? 두 자리 소수를 사용하는 것이다. 소수란 1과 그 자신 외에는 나누어지지 않는 숫자로, 무한히 존재하는 양정수이다(2 · 3 · 5 · 7 · 11과 같은). 두 자리 소수 중에 작은 것은 11, 13, 17, 19, 23, 29가 적당하다. 이 숫자들은 나누어지지 않는 만큼 사람들의 마음에 기억되기 어렵다. 인지력이 좋지 않은 숫자인 것이다.

따라서 묘하게 신경이 쓰인다. 안정감을 주지 않는 것이다.

'4가지 법칙', '10의 조건' 등의 숫자와 비교하면 상당히 위화감을 준다. 이런 우수의 작은 숫자의 안정감과 비교하면 두 자리의 작은 소수는 신경을 거슬리는 존재라고 할 수 있다. 그렇기 때문에 '13의 조건', '19의 룰' 등과 일부러 같이 쓰면 주목도가 상승하는 것이다. 최근에는 책 제목에도 잘 사용되는 테크닉이다.

★ 2080의 법칙.

'2080의 법칙'은 이탈리아 경제학자 파레토가 주창한 경제 법칙으로 '파레토 법칙'이라고도 한다. 즉 '20%의 상품이 회사의 매출 80%를 부담한다.', '20%의 우량고객이 수익의 80%를 가져온다.', '20%의 우수 사원이 매출의 80%를 차지한다.' 라는 것이다.

개미나 벌의 세계에서도 부지런히 일하는 것은 20% 정도라는 관찰기록이 있을 정도이다. 인센티브 플랜을 20%의 대상으로 좁힘으로써 효율 좋은 성과를 올릴 수 있다 등을 역설할 때에도 사용할 수 있는 숫자 마술이다.

★ 세계가 만약 100명의 마을이라면, 아시아인은 57명 있다는 것이다.

예전에 유행했던 세계를 100명의 마을로 예를 든 것이다. 100명이라는 작은 단위로 대체하면 100분비로 생각할 수 있고 훨씬 이해하기 쉬워진다. "세계의 인구 66억9천만 명 중 57%가 아시아인이다."라고 말하는 것보다 알기 쉽고 기억에도 오래 남는 표현이라고 할 수 있다.

★ 이 책은 벌써 100만 부를 넘어서 밀리언셀러 가도를 달리고 있는 중이다.

10만, 100만과 같이 만이 붙는 숫자는 임팩트가 있다. 대단한 수라고 생각하게 만들기에는 안성맞춤이다. 이것을 '100만이라고 해도 우리의 인구 약 5천만 명에서 보면 겨우 2%, 50명에 1명이 읽은 정도…….'라고 바꾸어 말하면 그리 대단하게 여겨지지 않는다. 단위를 바꿔서 숫자를 크게 보이게 하거나, 작게 보이게 하는 것은 흔히 쓰는 상투적인 수법이다. '타우린 1,000mmg 배합(1g)', '레몬 50개분의 비타민 C', '레스타 한 개분의 식이섬유' 등등 다양한 숫자의 예를 통해 인상을 바꿀 수 있다.

비즈니스 현장에서 사용할 수 있는 숫자 마술

2 마이너스를 플러스로!
NO를 YES로 바꾸는 숫자 트릭!

★ 규모가 큰 대입학원에서는 한 교실에 200~300명의 학생이 공부하는 건 흔한 일이다.

"이런 상황에서는 쉬는 시간에 강사에게 질문을 하려고 해도 매번 수십 명의 학생이 줄을 서기 때문에 질문을 할 수가 없습니다. 저희 학원에서는 한 반에 20명 이하의 소수 정원제입니다. 맨투맨으로 개별 지도가 가능하고, 학생들도 향학열에 불타고 있습니다."

이것은 학원의 세일즈 토크이다. 큰 숫자와 작은 숫자를 비교해서 충격을 주고 있는 예이다. 비록 유명 강사는 없지만 좋은 환경과 충실한 시스템으로 승부를 하고 있다는 것을 강조하고 있다. 따라서 수업료가 비싸도 별 문제가 되지 않는 것이다.

★ 50명 중에 한 명, 상품 구입료 전액 무료 캠페인을 실시 중
  이다.

  예전에 가전제품점이나 항공회사가 실시했던 대형 캠페인이
다. 50명에 한 명이라고 하면 대단하다고 생각되지만, 사실은
당첨자는 불과 2%에 지나지 않는다. 2%라면 임팩트가 전혀
없지만, 50명에 한 명은 무료라고 말을 바꿈으로써 마이너스
를 플러스로 바꾼 예이다. 이미 이런 의도가 다 알려져서 어느
누구도 놀라지 않게 된 방법론이지만, 요즘에도 가끔씩 '17명
에 한 명(5.8%)', '20명에 한 명(5%)'이라는 방법에서 한술
더 떠서 80% 인하, 50% OFF 등의 방식과 조합해서 이득을 강
조하는 수법을 볼 수 있다. 대단한 일이 아닌 것을 대단한 일
인 것처럼 보이게 하는 숫자의 사용 방법이다.

★ 장수와 건강을 단 하루에 270원으로 살 수 있다고 한다면 큰
  이득이지 않습니까?

  30만 원, 50만 원처럼 조금 가격이 비싼 상품, 예를 들어 건
강자기매트리스 & 오리털 이불 세트 상품이나 알칼리이온정
수기 등등을 36개월 할부로 하면 하루에 270원인 셈이니 싼
편이라고 말하고 싶은 것이다.

매달 지출을 고려하면 30만 원은 비싸지만 기간을 3년으로 연장하고 그것을 일수로 나누면, 하루당 금액은 분명 100원 단위가 된다. 너무나 단순한 셈법이지만 '하루에 겨우 270원'이라는 말을 들으면 혹해서 넘어가는 사람도 많다.

★ 30초만 시간을 주십시오.

"30초 정도면 뭐 괜찮겠지."라고 허락을 하게 만드는 테크닉이다. 이것은 '풋 인 더 도어 테크닉(Put in the door technic)'이라고 하는 심리조종법. 상대가 받아들일 듯한 작은 요구를 해서 받아들이게 한다. 다음으로 본래의 목적인 조금 큰 요구를 해서 받아들이게 하는 수법으로 '단계적 의뢰법'이라고도 한다. 바쁜 상사에게 "리포트를 봐 주십시오."라고 하면 "지금 바쁘니까 나중에 가져오게."라고 말하기 십상이다. 그럴 때 "30초라도 괜찮습니다."라고 말하고 "30초면 된다고? 뭔가?"라고 요구를 허락받으면 "이 리포트, 문제가 없는지 잠깐 봐 주시길 부탁드립니다."라고 말하면 어쩔 수 없이 리포트를 보기 시작할 것이다.

"주소 라벨 붙이는 거 도와주지 않을래?"

"응, 좋아."

"고마워. 미안하지만 봉투를 붙이는 것도 부탁해도 괜찮아?"

"응, 괜찮아."

"고마워. 하는 김에 우표도 붙여주면 고맙겠는데."

"뭐, 아, 좋아."

이런 식으로 모두 도움을 받을 수 있다.

양복점의 윈도우 쇼핑을 하고 있을 때를 예로 들어보자.

"마음에 드시면 잠깐 몸에 대보세요."

"잘 어울리십니다. 어깨도 딱 맞고. 소매가 어떨지, 한번 넣어보십시오."

"소매 길이도 딱 맞는군요. 잘 어울립니다. 여기 이 스커트와 함께 대보면 좋을 듯합니다. 정말 잘 어울리는군요. 이쪽으로 오셔서 한번 입어보십시오."

이런 식으로 권하는 것이다. 처음에 말을 꺼내는 시험용 요구는 작으면 작을수록 받아들이기 쉽기 때문에 "기왕 오셨으니 한번 드셔보십시오(시식 판매).", "1분만 앉아보십시오(마사지 기구 판매)" 등 부담을 갖지 않을 요구로써 작은 숫자를 사용하는 것이 효과적인 테크닉이라는 것을 이해할 수 있을 것이다.

★ 갑자기 미안하지만 오늘, 2~3시간 잔업을 해야 할 것 같다.

갑자기 이런 말을 들으면 부하직원들은 놀라며 "그건 좀……." 이라고 부정적인 반응을 보인다. "왜 일찍 말해주지 않을까? 짜증나게."라고 생각할 것이다. 여기서 "미안, 미안. 역시 무리겠지. 미안하네."라고 말을 하면 안심을 하면서도 부정적인 반응을 보인 것에 대해서 부하직원들도 죄책감을 느낄 것이다.

그때 이렇게 말하면 어떨까?

"아무래도 30분이라도 좋으니 조금 도와주지 않겠나?"

이렇게 말하면 부하직원도 그 정도라면 괜찮다고 생각한다.

이것이 '도어 인 더 페이스 테크닉' 이다.

처음에 받아들이기 어려운 큰 요구를 하고 상대방이 일단 거절하게 만든다.

거절한 것에 실망한 액션을 보이고 다음으로 그보다 작은 요구를 해서 받아들이게 한다. 아무렇지 않게 처음의 요구를 거절하게 하기 위한 변수이다. 크게 실망하는 연출이 중요하다.

아내: 저기, 이번 보너스로 2인용 5백만 원 오스트리아 패키지 여행을 가고 싶어요.

남편: 그건 무리야.

아내: 그런가요, 미안해요. 무리한 요구를 해서. 그러면 50만

169

원 홍콩 패키지 여행 정도는 괜찮지 않아요?

남편: 음, 그 정도는 괜찮을 것 같은데.

마이너스를 플러스로!
NO를 YES로 바꾸는 숫자 트릭!

아~ 정말 바쁘다 바빠.

부장님! 30초만 시간을 내주세요.

음, 30초? 좋네, 뭔가?

상사

부하

리포트입니다! 잠깐 봐주시면!

응? 뭔가 이건?

음~

부하

상사

* 이것이 '풋 인 더 오어 테크닉'

와, 이거 좋은데. 두 사람이 500만 원으로 오스트리아 패키지여행! 무척 싸!

5백만 원? 정신이 있는 거야?

역시 그렇죠, 미안해요 무리한 요구를 해서….

하다못해 50만 원짜리 홍콩여행이라도….

그, 그 정도면 괜찮은 것 같기도.

아내

남편

아내

실망

남편

* 이것이 '도어 인 더 페이스 테크닉'

3 한정 테크닉으로 숫자를 구사해서 마음을 사로잡자!

★ 손님, 27,450원이 최대한 할인가입니다.

가전제품점 등에서 고가의 제품을 살 때, 2만 원이나 3만 원의 할인가격이라면 최대로 할인을 해줬다는 느낌을 주지 않는다. 한정된 할인가라는 느낌을 주기 위해서는 전자계산기를 두드린 후에 제시하는 단수(端數)의 금액이 중요하다.

★ 오늘 구입하신다면 포인트를 평소의 2배인 14%를 드립니다.

평소에는 7포인트밖에 붙지 않는 가전제품의 포인트가 '오늘만 특별히' 라는 한정조건하에서는 2배가 된다고 하는 케이스. "흠, 어떻게 할까."라고 고민되고, 포인트가 2배라는 말을 들어도, 원래의 상품가격이 비싸지 않으면 메리트도 크지 않다.

172

★ 남은 상품은 이제 7개뿐! 반액입니다! 선착순!

한정이라는 것은 희소가치를 나타내고 있다. 게다가 10개 이하의 한 자리 수라면 더욱더 희소성이 높아진다. "이제 7개, 7개 남았습니다. 7개 한정."이라는 말을 들으면 고객도 발길을 멈추기 마련이다. 인류사에서 오랜 기아의 기억이 DNA에 각인되어 있는 탓인지, 얼마 남지 않은 물건일수록 손에 넣어야 한다는 마음을 들게 한다.

★ 200만 원이나 하는 고액제품입니다. 그러나 품질은 아주 좋습니다.

"품질이 아주 좋습니다. 그러나 200만 원이나 하는 고액제품입니다."라고 말하는 것과 비교해서 어느 쪽 표현에 호감을 줄까?

처음에 부정적인 정보(200만 원이나 하는 고액제품)을 전달하고 나중에 그것을 상쇄하는 긍정적인 정보(그러나 품질이 아주 좋다.)를 전달하는 편이 신빙성이 훨씬 높아진다.

미국의 심리학자 존.R.앤더슨의 실험에 의하면 한정된 정보일수록 먼저 좋지 않은 것을 말하고, 나중에 그것을 뒤집을 정도의 좋은 것을 전하는 편이 신뢰성이 높아진다는 것을 증명하고 있다.

A. 미안하지만 100만 원만 빌려줄래? 다음 달 보너스 때 갚을게.

B. 다음 달 보너스로 갚을게, 미안하지만 100만 원만 빌려줄래?

다른 사람에게 돈을 빌릴 때에는 A처럼 말하는 것이 정답이다.

비슷한 실험으로 '친근효과' 라는 것이 있다.

A. 제멋대로이고 신경질적인 녀석이지만, 본성은 정직하고 아주 좋은 녀석이야.

B. 본성은 정직하고 아주 좋은 녀석이지만, 제멋대로이고 신경질적인 녀석이야.

이것도 A가 좋은 인상을 줄 것이다.

성격특성은 앞에 말한 것보다 뒤에 말하는 것이 친근감을 준다고 알려져 있다. 자기소개를 할 때에는 주의를 해야 한다.

★ 지금부터 20분 동안, 영어단어 30개를 암기하십시오. 20분 후에 테스트를 하겠습니다.

20분 뒤에 테스트를 하고 30개의 영어단어 중에서 가장 틀린 것이 많았던 것은 앞, 중간, 뒤 중에서 어느 쪽일까? 답은 중간이다.

무언가를 기억하려고 할 때에는 앞의 것이 초두효과로 인상이 강하기 때문에 기억재생효과가 높고(장기기억효과의 영향), 또 뒤에 것일수록 '친근효과'에 의해 인상이 깊어지고 기억재생효과가 높아지는 것이다(단기기억재생의 영향). 따라서 중간 부분이 가장 인상이나 기억에 남기 어렵다. 이것을 심리학에서는 '계열위치효과'라고 한다. 맞선이나 파티에서 자기소개를 할 때에는 앞이나 뒤에 하는 편이 효과가 높다는 것을 기억하자.

★ **손님, 죄송합니다. 역시 2,000만 원은 무리로, 2,200만 원이 아니면 팔 수 없습니다.**

신차 쇼룸에서 손님과 거래를 할 때, 세일즈맨이 2,200만 원까지 할인을 해주었는데, 손님은 "2,000만 원으로 해 달라."고 완강하게 고집할 때, 어떻게 대응하는 것이 가장 좋을까?

정답은 "알았습니다. 손님에게 졌습니다. 2,000만 원으로 하도록 나중에 상부에 보고드리겠습니다. 그럼 계약은 내일 오후 4시에."라고 말하고 손님의 요구를 일단 받아들이는 것이다.

손님의 마음속에는 그 순간, "좋았어. 2,000만 원까지 깎았다."라는 큰 만족감이 생길 것이다. 이윽고 그 차로 쾌적하게 드라이브하는 자신의 모습까지 상상할 것이다. 그리고 하루가 지나서 예제의 말을 하면 어떻게 될까. 손님은 이미 자신의 차라는 한정된 사고의 틀에서 벗어날 수 없는 상태에 빠져 있을 것이다.

"어쩔 수 없군. 그럼 2,200만 원에 살 테니 빨리 계산해 주세요."라고 하게 된다. 일단 상대가 받기 쉬운 볼을 받게 하고 나서 요리하는 이 방법을 심리학에서는 '로 볼 테크닉'이라고 부르고 있다.

★ 덕분에 매출 넘버원을 달성했다.

이런 간판을 보면 주목도는 높아진다. 넘버원이라는 말의 울림에는 '대단하다.'라고 생각하게 만드는 효과가 있기 때문이다. 자세히 문구를 보면 작은 글씨로 'OO 지역 09년도 실적' 등이라고 적혀 있어서, 어이없다는 생각이 들더라도 '뭐, OO 지역 한정이라도 넘버원인 건 사실이니까.'라고 관대한 마음으로 용서한다. 어떤 일이라도 넘버원이라는 사실을 찾는 것은 중요하다. 그것을 이런 형태로 어필한다. 그러면 분명

히 사람들의 마음에 'OO는 넘버원' 이라는 이미지가 각인된
다. 넘버원이 없을 때에는 "넘버원을 목표로."라고 하는 것도
효과적이다.

한정 테크닉으로 숫자를 구사해서 마음을 사로잡자!

손님! 할인은 27,450 원…….
이 가격이 한계입니다.

그런가!
어쩔 수 없지!

* 최대한의 한계치는 단수(端數)의 숫자로!

남은 수량 7개!
7개 한정!
선착순!

옥!
7개
남았다고.

초조!

* 모두 산다 → 남은 게 별로 없다 → 희소가치!

손님!
이쪽은
200만 원
이나 하는
고가제품
입니다.

그러나
품질은
아주
좋습니다.

흠! 역시 좋군.
사고 싶어!

* 앞이 부정적이라도 뒤가 긍정적인 것이라면
신빙성이 높아진다!

손님, 2,000만 원으로 약속을 했는데 죄송합니다. 위로부터 혼이 났습니다. 아무래도 2,200만 원 이하로는 내릴 수 없었습니다.

알았어요!
좋아요.
2,200만 원에
살 테니 빨리
계약해주길!

* 일단 받기 쉬운 볼을 던져서 받게 한 후에
요리한다. 이것이 '로우 볼 테크닉' 이다.

숫자 트릭을 대화 중에 넣자!

PART5에서는 이제까지 숫자 트릭의 회화 예를 살펴보았다.

대화 중에 숫자를 잘 넣음으로써 여러 가지 효과를 얻는 것이 가능하다는 것을 이해하였을 것이다.

마지막 다음 항목에서는 숫자 트릭의 기본적인 구성에 대한 총정리와 함께 이제부터 다양한 응용을 활용함에 있어서 도움이 되는 테크닉을 설명하도록 하겠다.

꼭 여러분의 대화에 삽입해서 일상생활이나 비즈니스에서 활용하시길 바란다.

숫자 자체의 영향력을 사용한다!

이제까지의 실례와 해설에서도 언급했지만 사람은 우수에 안심을 한다.

2, 4, 6, 8, 10, 12와 같은 우수는 신기하게도 친근감을 준다. 그럼 1, 3, 5, 7, 9, 11과 같은 기수는 어떨까?

기수라는 문자 그대로 '2로 나눌 수 없는 숫자'가 불안정감을 가져온다는 것을 이해할 수 있어야 한다.

소수의 경우에 더욱 그런 경향이 강하다.

단 기수 중에서도 1과 3만은 특별하며 예외적인 존재라는 점도 명심해야 한다.

1은 넘버원의 1이며, 3은 밸런스가 좋은 삼각형과 상통하는 3으로, 때로 우수 이상으로 사람들에게 친근감을 주거나 안정감을 느끼게 하기 때문이다.

무언가를 정리할 때에는 "이것들을 하나로 정리해보십시오."라거나 "이것들을 3으로 나눌 수가 있습니다."와 같이 말을 했을 때, 아주 정확하게 들어맞거나 정리가 잘되기 때문이다.

사람은 열거된 항목을 볼 때, 일별해서 숫자를 인식할 수 있는 것은 6 정도까지라고 한다.

이 정도까지는 "6까지 있구나."라고 금방 알 수가 있지만 7가지 이상이 되면 그제는 "많이 열거되어 있다."라는 인식을 갖는다. 따라서 기억시키는 경우에는 가능하면 숫자가 적은 편이 좋으며, 6보다도 5, 5보다는 4가 바람직하며 궁극적으로는 3 정도까지가 가장 기억하기 좋다.

숫자를 넣어서 사용할 때에는 반드시 이 점을 잊지 말기를 바란다.

큰 숫자를 알기 쉽게 보여주자!

숫자가 커지면 사람들의 상상력은 작동하기 어려워진다.

"우리의 외채는 2008년 12월로 거의 4천억 달러에 이른다고 추산된다."

갑자기 이런 큰 숫자를 제시하면 모두 실감을 하지 못할 것이다. 이것을 알기 쉽게 하기 위해서는 '분할법'과 '비교법'이 적합하다.

'분할법'으로 말한다면 우리의 2009년 국가예산의 대략 10년분에 필적하는 금액이라거나, '비교법'이라면 국가예산의 내역은 연간 3천만 원의 지출이 필요한 샐러리맨이 급료로 2천만 원을 받고, 부족분 1천만 원은 매년 빚을 내서 변통하고 있는 것과 같다고 수정해서 말해주면 바로 상상력을 환기시킬 수 있을 것이다.

"장수와 건강이 하루당 불과 270원으로 살 수 있다고 한다면." 또는 "세계가 만약 100명으로 구성된 마을이라면."이라는 요령이다.

숫자를 알기 쉽게 대체함으로써 크거나 작게 보이게 하는 것이 가능하다는 것은 바로 사람의 상상력을 어떻게 자극하는가에 달려 있다.

페르미 추정으로 개략적인 수치를 낸다!

정확한 통계 데이터가 없는 것을 추산하는 방법으로 알아두면 좋은 것이 '페르미 추정' 이라고 불리는 계산방법이다.

이탈리아 출신의 노벨 물리학상을 받은 엔리코 페르미가 고안한 방법으로 개략적으로 추정할 때 편리하다.

"시카고에 피아노 조율사는 몇 명 있는가?"

"우리나라 전국에 전봇대는 몇 개 있는가?"

언뜻 보기에도 황당무계한 문제에 대해 답변하기 위해서는 결론부터 생각하는 가설사고력, 전체로부터 생각하는 구성사고력, 단순하게 생각하는 추상화사고력이 요구된다.

마이크로소프트를 창업한 빌 게이트가 입사희망자에게 냈다고 하는 문제에 "미국에 주유소는 몇 곳이 있는가?"와 같은 것이다.

일례를 들어보면 미국에 자동차는 몇 대 있는가라고 하는 것에서, 미국 전체 인구 3억 명에서 2사람 중 한 명이 승용차를 가진다고 가정하고 1억5천만 대라고 추정한다. 여기에 버스나 트럭의 대수를 승용차의 3분의 1로 가정하면 5천만 대. 승용차는 일주일에 한 번 급유하고, 버스나 트럭은 매일 급유한다고 가정하면 하루당 7,143만 대가 급유한다는 계산이 나온다(1억5천만 대÷5천만). 주유소에서는 자동차 한 대에 대해 5분 동안 급유하고 급유기 3대가 10시간 가동되고 있다고 가정하면(60÷5×3×10), 하루에 360대 급유한다는 계산이 나온다.

매일 급유하는 차의 총수 7,143만 대를 360대로 나누면 19만 8,416곳의 주유소가 존재하는 것이 된다. 즉 답은 약 20만 곳이다.

이것이 페르미 추정의 방식이다.

이런 형태로 산출한 수치를 대화 중에 넣어 가면 그것만으로도 흥미롭게 설득효과를 지니게 된다는 것을 알 수 있을 것이다.

숫자 트릭으로 대화에 설득력을 지니자!

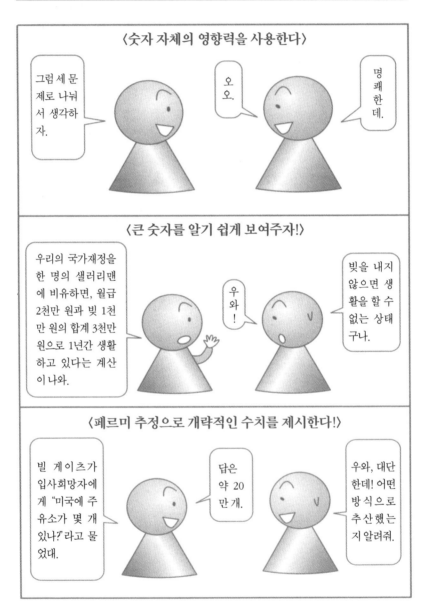

〈숫자 자체의 영향력을 사용한다〉

그럼 세 문제로 나눠서 생각하자.

오오.

명쾌한데.

〈큰 숫자를 알기 쉽게 보여주자!〉

우리의 국가재정을 한 명의 샐러리맨에 비유하면, 월급 2천만 원과 빚 1천만 원의 합계 3천만 원으로 1년간 생활하고 있다는 계산이 나와.

우와!

빚을 내지 않으면 생활을 할 수 없는 상태구나.

〈페르미 추정으로 개략적인 수치를 제시한다!〉

빌 게이츠가 입사희망자에게 "미국에 주유소가 몇 개 있나?"라고 물었대.

답은 약 20만 개.

우와, 대단한데! 어떤 방식으로 추산했는지 알려줘.

‖ 맺는 말 ‖

언어는 상대와 자신을 바꾼다

본서를 읽는 중에 '이 표현을 빨리 주위 사람들과의 대화에서 인용해 보고 싶다.', '이런 말을 사용할 수 있는 장면이 오면 얼마나 좋을까.' 라고 어쩐지 두근거리는 듯한 기분이 들지 않았는가?

스마트하고 멋있고, 파워풀한 표현은 한 번 기억하면 반드시 써 보고 싶어지는 표현인 것이다.

학교나 직장, 일상생활의 곳곳에서 꼭 사용해볼 만한 가치가 있는 표현이고, 사용하면 사용할수록 여러분 자신에게 익숙해지기 마련이다.

주저할 필요는 없다.

말은 입에서 떠난 순간부터 상대방을 바꾸어 가고 여러분 자신도 바꾸어 간다.

'언어의 영혼' 이 가진 신비한 힘에 여러분도 빠져보기를 바란다.

'옷깃을 여미다(바르게 하다).' 라는 말처럼 '말을 바르게 함' 으로써 보이는 세계는 점점 변화해간다.

자신의 행동에 자신감이 생기고 적극적인 의욕으로 넘쳐난다.

바로 인생에 대해 진취적으로 되는 것이다.

"예의바른 사람이다.", "훌륭한 사람이다.", "마음이 따뜻한 사람이다." 등등.

정중하고 예의 바른 태도를 칭찬하는 말은 많이 있지만 여러분 자신이 그 주인공이 되는 것이 가장 행복한 것이다.

그런 사람일수록 하늘은 기회를 부여하고, 사람들이 모이기 마련이다.

시선이 책으로 향할 때 한 장씩 이 책을 넘기는 습관을 꼭 잊지 않았으면 한다.

여러분의 앞날에 장밋빛 미래가 펼쳐질 것을 확신한다.

가미오카 신지

언어의 마술

●

초판 1쇄 발행 ‖ 2009년 10월 1일

●

지은이 ‖ 가미오카 신지
옮긴이 ‖ 강성욱
펴낸이 ‖ 김규현
펴낸곳 ‖ 경성라인
주 소 ‖ 경기도 고양시 일산동구 백석2동1456-5
전 화 ‖ 031) 907－9702
팩 스 ‖ 031) 907－9703
E-mail ‖ kyungsungline@hanmail.net
등 록 ‖ 1994년 1월 15일(제311-1994-000002호)

●

ISBN 978-89-5564-098-4 (03320)

정가 ‖ 9,500원